历史不能忘记系列 ⑧

百团大战

崔艳明 ◎ 著

中国民主法制出版社

2015年 · 北京

图书在版编目（CIP）数据

百团大战/崔艳明著．—北京：中国民主法制出版社，
2015.7（2020.7 重印）

（历史不能忘记系列/张量主编）

ISBN 978-7-5162-0951-6

Ⅰ．①百…　Ⅱ．①崔…　Ⅲ．①百团大战（1940）—
青少年读物　Ⅳ．①K265.109

中国版本图书馆 CIP 数据核字（2015）第 180402 号

历史不能忘记系列

　　张量　主编

图书出品人： 刘海涛

出版统筹： 赵卜慧

责任编辑： 吕发成　陈棣芳

书名/百团大战

作者/崔艳明　著

出版·发行/中国民主法制出版社

地址/北京市丰台区玉林里 7 号（100069）

电话/63055259（总编室）　63057714（发行部）

传真/63056975　63056983

http：//www. npcpub. com

E-mail：mzfz@npcpub. com

经销/新华书店

开本/32 开　880 毫米×1230 毫米

印张/7.5　**字数**/150 千字

版本/2015 年 7 月第 2 版　2020 年 7 月第 3 次印刷

印刷/三河市人民印务有限公司

书号/ISBN 978-7-5162-0951-6-01

定价/22.00 元

　　中国出版集团旗下中国民主法制出版社，将在中国人民抗日战争暨世界反法西斯战争胜利 70 周年之际，修订再版"历史不能忘记"系列丛书，我感到非常高兴。当年我参加组织编写了这套丛书，得到了社会的认可。在老一辈无产阶级革命家杨成武同志为第一版作序后，由我为再版作序。虽然水平有限，然出版社坚持，也只好尽力而为了。

　　1993 年以后，日本国内的右翼势力开始猖獗，日本政局也开始出现右倾化的动向，不时上演参拜靖国神社、篡改历史教科书、否定南京大屠杀，为日本侵华战争涂脂抹粉，企图推卸战争责任的闹剧。前事不忘，后事之师。要让中国人民和世界人民永远牢记这段历史，尤其要让青少年从小就了解、记住这段历史。在我国国内，虽然抗日战争方面的图书资料很多，却难见一套比较系统地对青少年进行抗日战争方面的爱国主义教育的丛书。1998 年初，中国民主法制出版社的编辑赵卜慧等同志策划了"历史不能忘记"系列丛书。受出版社邀请，我组织时任中国社会科学院近代史研究所所长、《抗日战争研究》杂志主编、中国抗日战争史学会副会长张海鹏，中国第二历史档案馆馆长、中国抗日战争史学会理事周忠信，中国人民大学中共党史系主任、博士生导师陈明显，中国人民抗日战争纪念馆编研部主任、中国抗日战争史学会常务理事、研究员张量和中国人民解放军军事医学科学院研究员、细菌学专家郭成周以及对抗日战争史有深入研究的专家学者，精心编写了这套丛书。这套丛书收录了大量的史料和图片，有些是首次公之于众的，揭露了日本侵略中国所犯下的滔天罪行，如南京大屠杀、日军细菌部队罪行等；讴歌了中国人民浴血奋战，与日本侵略者血战到底的气壮山河、可歌可泣的民族精神，如八一三淞沪会战、台儿庄战役、百团大战等。该丛书第一版推出12本，于1999年9月出版。丛书出版后在读者中引起了很好的反响，当年就名列共青团中央"中国新世纪读书计划第7期新书推荐榜"，并被列为上海市中小学生图书馆必备书目，荣获第9届上海市中小学生优秀课外读物三等奖。

近几年，日本政府在右倾化的道路上越走越远，尤其是安倍上台以后，不但矢口否认历史，而且否认对侵略历史表示歉意的"村山谈话"，挑起诸多事端，解禁集体自卫权，对外出售武器，动摇日本战后和平宪法的根基，加快日本军国主义的复活，引起世界各国尤其是曾经遭受日本军国主义铁蹄蹂躏的亚洲邻国的高度警惕。

为了铭记历史、缅怀先烈、珍视和平、警示未来，2014 年 2 月 27 日，全国人大常委会通过了《全国人民代表大会常务委员会关于确定中国人民抗日战争胜利纪念日的决定》，以法律的形式，将每年 9 月 3 日确定为中国人民抗日战争胜利纪念日；2014 年 4 月 10 日，又通过了《全国人民代表大会常务委员会关于设立南京大屠杀死难者国家公祭日的决定》。今年是中国人民抗日战争暨世界反法西斯战争胜利 70 周年，我国将在纪念日举行空前盛大的阅兵活动，向世界宣示中国维持战后世界秩序的坚定决心。

在此之际，修订再版"历史不能忘记"系列丛书，充分体现了中国民主法制出版社的担当意识和责任精神。丛书站在新的历史方位，挖掘和整理最新史学研究成果和文献资料，由初版 12 册增加到 22 册，内容更加丰富，事实更加清晰，范围更加广阔，尤其是把儿童抗战、文化抗战、台湾抗战、空军抗战、海军抗战等鲜为人知的抗战史料呈现在读者面前。不难看出策划者把这套丛书作为精品工程精心来打造的良苦用心。

2014 年 7 月 7 日，习近平总书记在纪念全民族抗战爆发 77 周年仪式上指出，历史是最好的教科书，也是最好的清醒剂。中国人民对战争带来的苦难有着刻骨铭心的记忆，对和平有着孜孜不倦的追求。中国的抗日战场，是世界反法西斯战争的东方主战场，中国抗日战争的胜利，为世界反法西斯战争作出了积极贡献。中国抗日战争的胜利，是中国近代以来第一次取得的反对外来侵略的彻底胜利，一雪百年屈辱历史，它是中华民族由衰败走向振兴的重大转折。

实现民族复兴的中国梦，是每一位中华儿女共同的历史使命。中华民族的伟大复兴、美丽中国梦的实现，许多道理需要让历史告诉未来。中国人民会铭记这段历史，以史为鉴，时刻保持清醒头脑，警惕日本军国主义的死灰复燃，牢记"落后就要挨打，就要受人欺负"的教训，紧密地团结在以习近平为总书记的党中央周围，发奋图强，努力学习和工作，把我们的国家建设得日益繁荣富强，为早日实现中华民族伟大复兴的中国梦而努力奋斗。

中央档案馆原馆长
中国档案学会原理事长
中国抗日战争史学会原副秘书长　王明哲

2015 年 5 月

▶ 第一版序

　　抗日战争，这是个历史性和现实性都很强的话题。

　　说它具有很强的历史性，那是因为，这场战争的爆发距今毕竟已有62年。时至今日，战争的硝烟早已散尽，在和平共处五项原则的基础上，中日两国正面向未来，致力于建设和平与发展的友好合作伙伴关系。至于有关反映抗日战争的文章和书籍，60多年来则更是难计其数。

　　说它具有很强的现实性，则是由于：其一，抗日战争毕竟是自1840年鸦片战争以来，帝国主义列强发动的历次侵华战争中最残酷的一场战争，也是中国人民反抗外来侵略最坚决并最终取得全面胜利的一场战争。这场惨绝人寰的侵略战争造成了3500万中国人的伤亡，造成了1000亿美元的直接财产损失，使千百万中国人流离失所。这么一场空前的民族大灾难，无论如何不应该也无法从人们的记忆中抹去。其二，抗日战争虽然早已结束，但它给我们留下许多血的教训：得道多助、失道寡助。尽管有一时的强弱之别，然而玩火者必自焚，正义终将战胜邪恶；贫穷、落后就要挨打，就会受人欺辱，只有国家富足强盛，才能人民安居乐业……所有这些，都将犹如警钟长鸣，时时警示着世人。其三，人总是要有点精神的。中华儿女在这场民族灾难中所表现出来的浴血奋战、不怕牺牲的抗战精神，作为一种极其宝贵的精神财富，无论时间再久远，都将永久地熠熠生辉、光芒四射。在和平的年代里，在社会经济建设中，我们仍然需要弘扬这种宝贵的民族精神。其四，随着时间的推移，抗日战争渐渐成为历史，年青的一代只能从历史书籍、从教科书中去了解这场战争的真相了。也正因为如此，在日本，总有那么一些人不时地挑起事端，他们或在教科书问题上大做文章，或在日军侵华史实上黑白颠倒，企图篡改历史，误导后人。历史霎时间似乎成了一个任人打扮的小女孩。为此，要不要把这场战争的本来面貌告诉世人特别是年青的一代，显然成了摆在每一个史学工作者面前的现实问题。

有鉴于此，中国民主法制出版社约请了长期从事抗日战争问题研究、占有大量客观资料的专家学者，历时数载，撰写了这套"历史不能忘记"丛书。丛书本着对历史负责，对后人负责的态度，严格尊重史实，凭借事实说话，分《以史为鉴 面向未来》《九一八事变》《七七卢沟桥事变》《八一三淞沪会战》《平型关战役》《台儿庄战役》《南京大屠杀》《百团大战》《日军细菌战》《中国空军抗战》《中国海军抗战》《中国抗日远征军》

《抗日英烈民族魂》《华侨支援祖国抗战纪实》《国际友人与抗日战争》《华北抗日》《华东抗日》《华南抗日》《抗战中的延安》共 19 个分册，全方位多角度、系统客观地披露和介绍了抗日战争的爆发背景以及发动经过、侵华日军在战争中所犯下的滔天罪行、中国军民抗击侵略者的著名战役、献身于抗战的民族英烈等。其中，一些材料和观点尚属首次公开发表。

日本的一位首相曾经说过："我们无论怎样健忘，也不能忘记历史。我们可以学习历史，但不能改变历史。"作为一种民族灾难，抗日战争过后的今天，无论是挑起这场战争的加害国还是遭受侵略的被害国，惟有正视史实，以史为鉴，才能更好地面向未来，防止悲剧再度发生。而再现历史真相又是问题的逻辑前提。我想，这恐怕正是撰写和出版这套丛书的目的所在吧。

作为抗日战争的亲身经历者，我愿意把这套丛书推荐给需要了解和应当了解这段历史的人们。

杨成武

1999 年 4 月 4 日

　　抗日战争时期的 1940 年 8—12 月，中国共产党领导八路军在华北地区发动了著名的百团大战，这是我军第一次主动地向侵华日军进行大规模的进攻性大会战。

　　百团大战分为三个阶段：第一阶段（8 月 20 日晚至 9 月 10 日），以正太铁路为重点，对日军进行交通总破击战；第二阶段（9 月 16 日至 10 月 14 日），继续破击日军交通线，重点攻占交通线两侧和深入根据地内的日军据点；第三阶段（10 月 19 日至 12 月 5 日），反击日军大规模报复性扫荡。

　　百团大战期间，八路军的 105 个团，历时 3 个半月，纵横 5000 余里，作战 1824 次，毙伤日军 2 万余人、伪军 5100 余人，八路军伤亡 1.7 万余人。

　　这次战役，极大地鼓舞了全国人民的抗日热情，坚定了抗日战争必胜的信念；同时也有力地打击了侵华日军的嚣张气焰，使得日本侵略者的高层决策者惊呼"对华应有再认识"，并将 8 月 20 日定为"国耻日"。

　　百团大战已经过去 75 年了，但八路军战士气吞山河的英雄气概却依然回荡在我们的心间。我们仿佛又听到了嘹亮的冲锋号声和拆铁轨、破公路的呐喊声，仿佛又看到了老将军们运筹帷幄、决胜千里的不朽风范。我们不能忘记中国人民为抗日战争的胜利所作出的巨大贡献。

今年是中国人民抗日战争胜利暨世界反法西斯战争胜利 70 周年，也是百团大战的直接指挥者彭德怀元帅诞辰 117 周年。为了纪念第二次世界大战的伟大胜利，铭记历史、缅怀先烈、珍爱和平、开辟未来，也为了纪念无产阶级革命家、政治家、军事家彭德怀元帅，我们在经过对大量史料研究的基础上重新修订了这本《百团大战》，并以此来怀念那些曾经参加过百团大战的英勇的八路军指战员们。

参加百团大战的烈士们永垂不朽！

作　者

2015 年 4 月 4 日

▶ 目 录

1940 年，中国人民抗日战争进入了第四个年头。这一年的 8 月，在华北地区发生了震惊中外的百团大战。这是抗日战争时期中国共产党领导的八路军，在敌后第一次主动地向侵华日军进行的一次大规模的进攻性大会战。它沉重地打击了日军的嚣张气焰和"囚笼"政策，打乱了日本法西斯对蒋介石的政治诱降和预备"南进"的战略部署，有力地驳斥了国民党顽固派散布的八路军"游而不击"之类的反共谣言，提高了共产党八路军的声望，鼓舞了全国军民抗战胜利的信心。百团大战在一定程度上抑制了国内的对日妥协投降的逆流，锻炼、提高了八路军的作战能力，并为八路军抗日作战积累了有益的经验，配合了世界反法西斯战争，并向全世界显示了中华民族抵抗外族入侵的勇敢顽强的斗争精神。

乱 云 飞 渡

　　日本觊觎中国由来已久，处心积虑。

　　日本的全球战略计划是先在中国打开突破口，然后以中国为基地并利用中国的资源，北攻苏联，南霸太平洋诸国。

　　1931 年，日本侵略者在中国东北制造了九一八事变，开始了局部侵华战争。

　　1932 年 3 月 1 日，日本侵略者策划成立了伪满洲国，借此对中国东北实行军事占领和殖民统治。

　　1937 年 7 月 7 日，日本侵略者制造了卢沟桥事变，开始实施对中国全面占领的图谋。

7月8日，即卢沟桥事变发生后的第二天，中国共产党就向全国人民发出通电，号召要"武装保卫平津华北！为保卫国土流尽最后一滴血！"面对中国共产党和全国人民一致抗日的要求，蒋介石不得不同意国共两党再度合作，共同抗日。中国共产党为了国家和民族的利益，同国民党蒋介石政府达成了改编红军的协议。

1937年8月25日，中共中央军委发出了改编命令，将红军第一、第二、第四方面军和陕北红军改编为国民革命军第八路军。八路军主要领导人有：总指挥朱德，副总指挥彭德怀，参谋长叶剑英，副参谋长左权，政治部主任任弼时，政治部副主任邓小平。

八路军下辖三个师：第115师，师长林彪，副师长聂荣臻；第120师，师长贺龙，副师长萧克；第129师，师长刘伯承，副师长徐向前。全军共4.6万人。

紧接着，南方的红军和游击队，除琼崖红军游击队外，改编为国民革命军新编第四军（简称新四军）。新四军军长叶挺，副军长项英。下辖四个支队，共1.03万人。

9月初，西北地区红军主力进行改编，并举行了抗日誓师大会。在会上，大家流着眼泪把缀有红五星的红军八角帽摘了下来，换上了缀有青天白日徽章的国民革命军军帽。

9月11日，国民政府军事委员会又命令八路军改番号为第十八集团军，总指挥和副总指挥改称为总司令和副总司令，并立即开赴抗日前线。

9月22日，国民党中央通讯社发表了《中国共产党为公布国共合作宣言》；23日，蒋介石发表了实际承认共产党合法地位的谈话，标志着以国共两党第二次合作为基础的抗日民族

▲八路军（第十八集团军）总司令朱
德（左）和副总司令彭德怀

统一战线正式形成。中国国民党和中国共产党领导的抗日军
队，分别担负着正面战场和敌后战场的作战任务。

　　在最初的战略防御阶段，国民党军队在正面战场上，担负
了抗击日军战略进攻的主要任务，组织了淞沪、忻口、徐州、
武汉会战等一系列大的战役，表现出了空前的民族精神和抗战
热情。其中，1938 年 3 月李宗仁等部实施的台儿庄战役取得大
捷，歼灭日军 1 万余人。

　　但是，正面战场除了台儿庄战役之外，其他战役几乎都以
退却、失败而结束。大多数作战未能给敌人以更大的消耗，并
在短时间内丧失了大片国土。

　　日军因此确定了"速战速决"的战略方针，集中优势兵

力，沿平绥、平汉、津浦三条铁路向南进兵，妄图迅速灭亡中国。

到 1938 年 10 月，日军相继攻占了北平、天津、上海、南京、广州和武汉等重要大城市。日军所到之处，烧杀抢掠，奸淫妇女，无恶不作，中国人民遭受到了巨大的伤害。

由于中国军民的奋起抵抗，特别是中国共产党领导的敌后游击战争，以全面开花之势，给日本侵略者以沉重的打击，使日本侵略者在占领区时刻不得安宁，严重消耗了其有生力量。

日本国土狭小，资源贫乏，有限的财力难以支持长期的大规模的战争，而且由于战线拉得过长，兵力日益分散，日军原先设想的用三到六个月的时间"速战速决""武力征服"中国的图谋并没有实现。

到 1938 年 10 月，日本侵略者占领武汉、广州之后，不得不基本停止对正面战场的战略进攻，改变其侵华的方针和策略。中国抗战进入了相持阶段。

在相持阶段，日本政府由反蒋转变为拉蒋，即着重于分化抗日民族统一战线，破坏国共合作，引诱蒋介石的国民政府投降。

1938 年 12 月 22 日，日本首相近卫文麿发表了第三次对华声明，提出所谓"中日睦邻友好""共同防共""经济合作"三原则，利诱威胁蒋介石国民政府接受投降条件。近卫文麿声明的中心目的，就是要在经济上，通过残酷掠夺中国的资源来达到"以战养战"的目的；在政治上，大力扶植伪政权，实行"以华制华"；在军事上，集中侵华日军的主力，重点进攻共产党领导的解放区和敌后战场，而对国民党则采取政治诱降为主、军事打击为辅的策略。

为了动摇中国政府的抗战意志，促使国民党政府迅速投降，日本政府派遣了大量飞机对中国城乡连续进行狂轰滥炸，以此来显示日本空军的威力。其中，尤以"重庆大轰炸"最为典型。

重庆地处大后方，是中国西南的重镇。自从国民政府从南京迁都到重庆后，这里就成为日机狂轰滥炸的重点。

从1938年2月18日起至1943年8月23日，日本对战时中国的陪都重庆进行了长达五年半的战略轰炸。据不完全统计，在五年间日军对重庆进行轰炸218次，出动飞机9000多架次，投弹11500枚以上。重庆死于轰炸者10000人以上，超过17600幢房屋被毁，市区大部分繁华地区被破坏。

1939年5月3日，36架日机从汉口起飞。针对重庆多是易燃的木质结构建筑物的特点，日机携带了大量的燃烧弹。

这一天，日机在重庆共投下炸弹98枚，燃烧弹68枚。重庆最繁华的陕西路和商业小十字街一带的21条街中，有19条几乎被炸成废墟，房屋店铺熊熊燃烧，市民的残缺尸体到处可见。

5月4日，日军又出动27架飞机，再次对重庆进行轮番轰炸。轰炸引起的大火很快在市区蔓延开来，许多地方迅速被大火吞没，大量房屋瞬间化为灰烬。猛烈的大火掀起的阵阵热浪，呼呼有声，滚滚的浓烟漫卷在市区的上空，熊熊大火一直燃烧了三天才被扑灭，许多人来不及逃避就被大火吞噬了。这就是震惊中外的"五三五四"惨案。

为了彻底征服驻守重庆的国民政府，在1940年5月18日到9月4日的110天的时间里，日军接连向重庆实施了代号为"101"的战略大轰炸，给重庆人民带来了更加深重的灾难。

1939年9月，日本政府在南京设立了中国派遣军总司令部，任命西尾寿造大将为总司令，坂垣征四郎中将为总参谋长，统一指挥除关东军、台湾军以外的所有在华日军，总兵力达到了86万人。

不久日军又宣布，多田骏中将为华北派遣军司令，笠原幸雄少将为参谋长。

近卫文麿的对华声明和日本政府向中国增派兵力的举动，已经给国民党最高决策者们造成了巨大的压力，而日机对重庆等城市接连不断的狂轰滥炸，更使国民党首脑们惊恐万状。于是，在国民党内部，如汪精卫之流，采取公开的方式向日本侵略者投降。

1940年3月30日，在日本政府的导演下，伪国民政府在南京宣告成立，政府主席为林森，汪精卫自任代理主席兼行政院院长，陈公博任立法院院长，周佛海任财政部长兼警政部长。同时，聘请日本的影佐祯昭为最高军事顾问，青木男一（后为犬养健）为最高政治顾问。伪南京国民政府实际上成了日本人直接操纵下的傀儡政权。

这一时期，以蒋介石为首的重庆国民政府表面上坚持抗日，但却始终没有中断过与日本政府之间的秘密"和谈"，企图在暗中寻求同日本侵略者妥协的办法。

从1940年3月7日开始，蒋介石委派重庆国民政府代表宋子良（宋子文之弟，实际上是由军统特务冒充的）、陈超霖（重庆行营参谋副处长）、章友三（国防最高委员会主任秘书）与日本代表臼井茂树（大本营参谋本部中国课课长）、铃木卓尔（日本中国派遣军派驻香港武官）、今井武夫（日本中国派遣军总司令部官员）在香港开始举行秘密会谈，并就蒋、汪、板（板垣征四郎，日本侵略军总参谋长）三人会谈一事初步达成了一致意见。宋美龄也同时飞抵香港，作为从侧面协助重庆国民政府的代表。随后，日、蒋双方还为板垣赴长沙与蒋介石商谈"停战"问题交换了备忘录。

这次会谈，正是日本政府为诱使重庆国民政府投降，实现蒋汪合作而实施的"桐工作"计划。

当时，国民党投降派一方面加紧向日本侵略者投降，把所属部队变成帮助日本侵略者维持地方治安的伪军；一方面向八路军、新四军展开攻击，制造军事"摩擦"。

这些国民党的投降派们到处造谣，蛊惑人心，说什么"八路军在抗日战争中，毫无功绩可言"；八路军"游而不击"，"在抗战中从不主动攻击日军"；"吾未闻八路军有团长为抗战而阵亡者，更未闻八路军的师长为抗战而负伤者!""八路军不听命令""八路军捣乱后方"等。

国民党投降派们到处造谣的目的，是要转移全国人民一致抗日的大方向，掩盖他们投降侵略者的真面目。而一部分不明真相的人，尤其是一些中间人士，在听信了这些谣言后，也对共产党八路军、新四军进行指责。

这就是1940年前后中国当时的状况：日本侵略者企图通过软硬两手尽快灭亡中国；国民党中，一部分爱国人士主张抵抗日本侵略者的入侵，另一部分投降派则对日本侵略者卑躬屈膝；国民党顽固派消极抗日，积极反共；中国共产党人则坚决主张全国人民要一致抗日、共同对敌，解救中华民族的危机，但共产党的这些主张和行动却遭受到国民政府的排斥和打击。

当时的形势真可谓是"乱云飞渡"。

血 海 深 仇

日军华北派遣军司令官多田骏，从九一八事变后，就曾任伪满最高军事顾问，1935 年又出任华北驻屯军司令，是一个侵略中国的老手。凭着他多年的与国民党和共产党打交道经验，他认为，在中国，蒋介石的国民政府虽然有庞大的正规军队，但他们主要的思想是要排除异己，要消灭共产党，要统治整个中国。因此，国民党的最高决策者们不会真心抗日，甚至还可能希望日本帮助他们共同对付共产党。只要日本控制得住国民党，帮助他们打垮共产党，国民党是能够合作的。

日本对待国民党应该是又拉又打，以使他们服服帖帖；而对待共产党则必须要全力以赴坚决消灭。否则，日本在中国是站不住脚的。

在同共产党作战的经验中，多田骏也积累了一套自称是对付八路军游击战术最为有效的办法，这就是"囚笼"政策，也就是把共产党领导的抗日根

▲华北方面军司令官多田骏

据地分割成一个个小块，然后再对这一小块一小块的根据地分别进行扫荡，采取"蚕食"的战术，使八路军根本无法在根据地生存下去。

要分割抗日根据地，最好的办法就是"以路制人"，即建立四通八达的交通网。这些网的主干线是铁路，支干线是公路，同时还要在这些网上布满碉堡。这样一来，这个大网既可以很方便地运送兵力，加强治安防范；又可以快速运送抢夺来的各种物资，继续维持其侵略战争，实现其"以战养战"的目的。

为此，多田骏不惜血本，大修铁路，努力加强华北地区铁路沿线的军事警戒，还让铁路附近的老百姓负责保护铁路，如果铁路出现问题，就要拿当地老百姓是问。

多田骏还以武力逼迫老百姓出人出力修公路。他所修筑的公路主要有以下几种：一种是以城墙为中心，围绕城外修筑一条环形路，不但把大量的村庄都纳入到环状公路里，甚至将八路军的根据地也包括进去。军车一天到晚不停地巡逻，使八路军不能接近，从而使八路军的根据地逐渐萎缩。另一种就是在据点与据点之间，修筑几条平行的公路，日军出动时，可以随意选择一条，这样日军就能够具有很高的机动性。再有一种就是呈放射状的公路，从一个中心向外修筑多条公路，这种形式的公路多修筑在碉堡旁。还有一种就是将原有公路的路基修高，一般能高出地面近2米，再在路的两旁各挖一条梯形的深沟，沟的上沿宽6米，下底宽2米，深3米左右。这样的公路既像炮楼，又像城墙。日军的装甲车可以在公路上居高临下，向前来破路的八路军扫射，而八路军则由于路两旁的壕沟阻挡而无法接近公路。

多田骏还要求在公路两旁隔不远就必须修一个碉堡，这些碉堡不仅有利于日军屯兵，还可以保护铁路和公路，控制所辖区域内的治安状况。

在华北地区，日军不断增加兵力，对各个抗日根据地进行接连不断地扫荡，加强推行"治安肃正"计划和"囚笼"政策，妄图彻底摧毁华北抗日根据地。

日军经常冲进村子里，把老百姓包围起来，用机枪扫射、刀砍、枪挑、活埋等办法进行集体大屠杀。日本鬼子还采用更加野蛮的方法，抓住老百姓开膛破肚、大卸八块、剜心、挖眼、活剥皮、喂狼狗、"点天灯"、熏毒气等，即使是年逾花甲的老人及尚在吃奶的婴儿也不放过。这些日军对待中国妇女更是惨无人道，在光天化日之下，轮奸、群奸妇女，奸后再残杀，甚至连老太太和几岁的小女孩也难逃他们的魔掌。

"抬头见岗楼，迈步是壕沟，无村不戴孝，到处冒狼烟。"这就是当时日军占领华北地区的真实写照。

下面介绍的仅是日军众多暴行当中的几个小片断。

1939 年 10 月 24 日清晨，鬼子中队长小野纠集河北蠡县县城、清苑县城、百尺及南和庄等处的日伪军 500 多人，包围了蠡县的王辛庄。他们把群众赶到地主王仲珩的院子里，在房上、大门口和院子四周架起了机枪。近 200 名乡亲被日伪军用刺刀逼着，不许乱动。日本兵在院门口进进出出，不知要干什么。

一会儿，鬼子中队长小野叽里咕噜地说了几句日本话。翻译官对着老百姓说：

"太君说，你们不是要破路吗？今天熏熏你们，看你们以后还破不破路！"

一听这话，大家顿时明白了，敌人是要放毒气，人群立刻骚动起来。几个伪军过来，把 70 多个男人驱赶到西屋牲口棚内。一个戴着防毒面具的鬼子拿来一团软东西堵住牲口棚窗户上的窟窿，另一个戴着防毒面具的鬼子将一个燃烧着的瓦斯弹扔进了牲口棚，并把门上了锁。

阵阵浓烟从牲口棚里冒出来。人顿时感到胸闷、咳嗽、流鼻涕、流眼泪、打喷嚏，继而是呕吐，呼吸困难。朱德运、王国勋两位老人爬上窗台，扒着窗棂痛骂敌人丧尽天良，不多时他俩就倒了下去。

牲口棚里，开始是人们的碰撞、呼喊、怒骂声，接着是喘息、呻吟的声音。这撕心裂肺的声音，揪着南屋里妇女、儿童的心，他们几次要冲进去解救自己的亲人，但凶神恶煞般的鬼子不让他们靠近牲口棚半步。

一个小时后，牲口棚内沉寂了下来，日伪军离开了王辛庄。南屋里的妇女和村里隐蔽下来的老人们，急忙带着水、碱、蒜等消毒物品，奔向牲口棚。

砸开门窗一看，人们惊呆了：70 多个人全部倒在地上，满身泥土粪便，许多人已经停止了呼吸。他们的躯体互相挤压着，有的双拳紧握，怒目而视；有的抓破了喉咙和脸面；有的撕破了鞋袜和衣衫；还有的把半个头埋在牲口的粪便里。

人们迅速地将中毒者一个一个地背到院子里进行抢救，发现有 30 个人早已死去；有 24 个人虽经抢救，但因中毒过重也被夺去了生命。

1940 年 2 月 5 日（阴历腊月二十八）凌晨 4 时，驻守在任县邢家湾和巨鹿的日伪军 2000 余人，偷偷地包围了隆尧县的北阎庄。

北阎庄位于隆尧县东南滏阳河畔，距县城 25 里。抗日战争爆发后，这里成为抗日根据地。129 师冀南军区司令员陈再道曾带领部队在这一带宣传抗日，并组织老百姓破坏敌人的公路。因此，北阎庄成了附近日本鬼子的心头大患。

敌人包围北阎庄时，八路军冀南二分区青年 3 营的 140 多人正驻扎在这里。

战士们听到枪声，立即投入了战斗。但他们的武器十分落后，大部分是大刀片。在敌我力量悬殊的情况下，部队决定立即转移。

部队突围出去后，敌人没有抓到八路军，就向老百姓开刀。

这时，很多村民都涌到了东西大街的西街口。突然，一挺机枪迎面向村民们扫射，立刻就有 30 多人被当场打死，尸体横七竖八地倒在地上，鲜血染红了西街口。

剩下的村民赶紧又往回跑。有五名妇女看到从大街上跑不出去，就绕到了一个胡同里，她们刚跑到胡同口，便随着枪声倒在了血泊中。

原来，鬼子占据了庄里的制高点，他们用机枪向村里扫射。在严密的火力封锁下，谁也无法逃出去。

随后，鬼子闯进了村庄。顿时，枪炮声、砸门声、吼叫声、哭喊声响成了一片。

农民杜丑子为了让一家人过年能吃顿饺子，便起五更推碾子磨面。听到枪声后，吓得他躲到了碾子下面。

鬼子发现后，用刺刀扎他，他连忙用手里的簸箕遮挡，边挡边退，簸箕被扎烂，最后他退进了一个厕所里。鬼子追到厕所里，连刺了他三刀，把他刺死。

小学里打更的两位年逾古稀的老人王老凤和王老星，打完更回到屋里正在喝水，被鬼子发现，强迫他们往外走。两位老人死也不走，拿着茶碗、板凳同敌人进行搏斗，最后被鬼子用刺刀捅死，又扔进了火堆。

日伪军搜到郝老现的家，见门上着栓，就连喊带砸。郝老现没办法，只好把门打开。门刚一开，郝老现就被鬼子砍断了一只胳膊，当场昏死了过去。几个日伪军闯进屋里，将产后刚满月的郝老现妻子李秀凤扒光衣服，捆在椅子上轮奸。李秀凤拼死挣扎，连哭带骂。这些惨无人道的野兽，轮奸后就将其残忍地杀害，扔进了外边的火堆里。

杜殿辰的母亲和怀孕六个月的儿媳藏在一个柴火堆里，鬼子发现后点着了柴火，将她俩活活烧死。

鬼子还把被抓起来的群众集合起来，强迫他们跪在大街上，当作活靶子用枪瞄准射击，有 20 多人被当场打死。

12 岁的男孩李胜堂，在一个胡同里被鬼子用刺刀逼住，吓得他惊叫一声，撒腿就跑，没跑几步，又被鬼子捉住。天真的孩子捂着头哭着求饶，但没有人性的鬼子用刺刀扎在他的肚子上，把他残杀了。

鬼子的大屠杀，从凌晨 4 时到上午 10 时，在六个小时里，杀死无辜群众 132 人，其中妇女 27 人，儿童 12 人，致残 10 余人。全村 2800 多间房屋被烧毁近 2000 间。

晋县南田村是一个只有 180 多户计 900 多口人的小村庄，1938 年就建立了中共南田村党支部。因为距离晋县县城较远，群众基础又好，所以县、区党政机关经常在这里隐蔽。

南田村人民在共产党的领导下，积极参加抗日斗争，挖沟破路，站岗放哨，惩治汉奸，掩护县区干部和游击队员。

1940 年 4 月 30 日，汉奸刘怀庆带领 100 多名日伪军悄悄地包围了南田村。当时，县区领导干部、七区区小队和晋阳三大队的一部分战士有五六十人住在村里。

拂晓，发现敌情后，趁着夜色，县、区的部分工作人员从村东北角敌人包围圈的薄弱部位突围了出去，而其他人员和老百姓因居住得分散，都陷入了敌人的包围之中。

日伪军进村后，挨家挨户搜查，见人就抓。汉奸刘怀庆领着一伙日伪军，恶狼一般地把全村人赶到了村西口。

南面是荷枪实弹的日伪军，北面是手无寸铁的老百姓，日伪军的机枪对着人群，鬼子宪兵队队长平本，站在人群面前，满脸杀气，哇啦哇啦地讲了一通。接着，翻译官李寿山吼道：

"太君说了，谁是八路军、谁是共产党，说了太君大大地有赏。"

人群鸦雀无声，僵持了好一会儿，不见有人吭声，宪兵队长平本又对汉奸刘怀庆讲了几句，经翻译官翻译，刘怀庆才领会了主子的旨意，开始在人群中寻找抗日干部。

其实，刘怀庆根本不知道谁是抗日干部，但为了效忠鬼子，就胡乱拉人，一连拉出五个人。拉出一个，鬼子就逼问一个，他们一口一个不知道。气急败坏的鬼子宪兵队队长平本接连用军刀将这五个人砍死。日伪军看到还查不出谁是八路军，就又拉出 33 个人，并架起了机枪。平本疯狂地号叫着。眼看敌人就要下毒手了，被掩护在群众当中的区委书记陈寿先再也按捺不住心头的怒火，他推开阻挡他的人群，昂首挺胸走到平本的面前，从容不迫地说：

"我是共产党员、八路军。来吧，要杀要砍由你们，不许再杀害无辜的老百姓！"

平本让陈寿先指认抗日干部，陈寿先大义凛然，痛骂敌人。平本恼羞成怒，一摆手，围上来几个鬼子，几把刺刀刺在陈寿先的身上，陈寿先壮烈牺牲。

陈寿先的英雄气概，坚定了全村群众与敌人进行斗争的信念，大家谁也不向敌人低头。这些日伪军从凌晨 3 时许，

一直折腾到上午 10 时许，共杀害干部和群众 14 人，抓走了
33 人。

1940 年 8 月 15 日清早，驻灵寿县城的鬼子和警备队共几
十人，在鬼子小队长木村的指挥下，到正定县塔底村（塔底村
分前塔底和后塔底两个村）抓丁修路。

鬼子包围塔底村后，闯入村民家中翻箱倒柜，抢掠财物。
他们在无意当中搜出一份村干部的名单，便把两个村的群众都
赶到后塔底村中街集合。

敌人在东西两头架起了机枪，周围是荷枪实弹的日伪军。
一名鬼子和一个姓马的翻译按名册点名。

开始，人们没有识破鬼子的阴谋，鬼子叫一个，就站出来
一个。后来，大家才发现势头不妙，鬼子再叫人名时，就说人
不在，到地里干活去了。

日伪军把已经叫出来的 12 个人绑成两串，押到后塔底村
西南野外的一口井旁。鬼子在井东边架好机枪，一个鬼子用冷
水冲了一下军刀，随后将这 12 名村干部一一砍死，并将尸体
推入井内。他们又怕遇难者不死，又残忍地搬起大石头投入井
内，临走时还向井内投了两枚手榴弹。

接着，鬼子把剩下的青壮年捆绑起来，全部带去修公路。

以上这些，只是华北人民遭受鬼子凶残屠杀的几个小例
子。日本鬼子对华北人民所犯下的罪恶罄竹难书！

据统计，在整个华北地区，日军共修筑了 5000 多公里铁
路，30000 多公里公路和 3000 多个碉堡据点。这些数字，饱含
着中国人民的血与泪。这些铁路、公路和碉堡，是在成千上万
华北人民的尸体上建成的。

多田骏的"囚笼"政策，对华北抗日根据地危害极大。
截止到 1940 年 4 月，华北地区大片的抗日根据地变为了游击

区，抗日根据地所占领的县城只保住了两个，即晋东南的平顺和晋西北的偏关，其他根据地都在日伪军的控制之下。

很显然，华北抗日根据地已经到了最危急的时刻，无论如何要打破敌人的"囚笼"政策，要撕破这张网！

运 筹 帷 幄

怎样对付敌人的"囚笼"政策,撕破这张网呢?最有效的办法就是交通破袭战。交通破袭战是八路军经常采用的战术,是破坏敌人交通运输线,袭击敌人据点的合称。

从1938年起,八路军就曾发动过多次交通破袭战。晋察冀军区在1938年的2月、4月、7月,对平汉线发动过三次交通破袭战。

1940年5月,129师又对晋东南的白晋铁路发动了规模比较大的交通破袭战。

白晋铁路是日军1940年春在晋东南修建的一条铁路。它从白圭到晋城,全长达300公里,北接太原,中经东观、南关、沁县、长治等地,直接控制晋东南腹地。

5月6日晚,白晋战役正式打响,129师在长达200多公里的铁路线上全线出击。陈赓指挥386旅和决死一纵队攻进了南关据点,歼灭守敌200多人,摧毁了白晋铁路的南段;陈锡联指挥385旅、平汉纵队主力和晋冀豫边区纵队袭击了白晋铁路来远至故城间的铁路。白晋战役使敌人的白晋铁路运输彻底瘫痪。

八路军的这些破袭交通的行动,对被日军视为生命线的交通线构成了极大的威胁。

1940年4月，朱德、彭德怀和左权就对华北地区的交通破袭战进行过全面认真的研究。后来，朱德奉命到延安去，彭德怀就请他把这些想法带给党中央和毛主席。朱德离开八路军总部后，所有的工作都落在了彭德怀的肩上。

6月底，聂荣臻到八路军总部来汇报工作，而刘伯承、邓小平的129师就驻扎在离总部不远的清漳河畔。彭德怀和左权决定请他们速到八路军总部来。

▲八路军（第十八集团军）副总司令彭德怀（右）和八路军副参谋长左权

4—6月，聂荣臻、刘伯承、邓小平在总部的会议室，同彭德怀、左权等人一起商量如何打击敌人交通线的问题。

彭德怀说："今天把大家请来，是为了共同商量一下下一步的行动计划。现在有两个问题请大家注意：一是5月以来，日本空军对重庆施行了猛烈的轰炸，国内投降的危险越来越明显。蒋介石正在秘密同日本方面进行会谈，英国屈服于日本的压力，开始封锁滇缅公路，国际军援物资的运输通道被切断。还有消息说日军要于8月进攻西安。二是日军在交通上下的本钱越来越大，妄想用一张无形的'网'把我们困住。因此，我们要打破这张'网'，打乱敌人的战略部署和诱降阴谋，制止国内出现的妥协投降倾向，争取时局好转。过去，我们就曾对敌人进行过不少次交通破袭战，现在斗争的焦点还是交通线。对这个问题，我和朱老总、左参谋长已经反复商议过多次，我们认为，对敌人展开大规模的交通破袭战已经是迫在眉睫的事情了。"

左权对大家说："朱老总临走时一再嘱咐，让我们几个人在一起认真地商量一下。现在，贺老总离我们较远，一时不能赶来，还是我们几个一起商量商量吧。"

大家首先分析了日军的基本情况：

一是日军在华北腹地的兵力现在是相对薄弱的时候。日本华北方面军所辖的九个师团中，有四个师团处在津浦路（北段）和陇海路开封以东的机动位置上，并随时准备南进。还有三个师团集结在同蒲路南北两端，企图进攻我大西北。驻守在晋冀的只有两个师团和九个独立混成旅团，分散在几千里的防线上，有的旅还被抽调了一部分兵力到华中参加枣宜战役，不足部分的兵力由伪军补充，守备力量较为薄弱。

二是日军骄狂，疏于戒备。自 1939 年 1 月到 1940 年夏，日军连续进行了四期"治安肃正"，对抗日根据地轮番扫荡。由于我八路军坚持分散游击的战术，日军在扫荡中找不到我军主力，以为把我军给"镇住了"，在戒备上有些放松。

大家认为，如果在这个时候我们对敌人展开大规模的交通破袭战，时机比较好。除此之外，大家认为还有两个有利的条件：

一是现在的自然条件于我有利，而于敌不利。八月的华北乡村，大片的青纱帐，这个天然屏障对于我们分散游击的主力部队秘密集中和接近敌人极为有利。此外，这时期雨水较多，虽然也会增加我军行军作战的困难，但对于日军更为不利，泥泞的山野土路，会使日军的机械化部队难以充分发挥作用。

二是华北国共两军的紧张气氛有所缓和。从1939年冬到1940年春，国民党顽固派发动了第一次反共高潮。开始，共产党八路军为了国共合作共同抗日，采取了退避三舍的策略。但国民党顽固派不顾民族利益，得寸进尺，进攻我们的抗日军队，杀害共产党的干部。八路军在忍无可忍的情况下，被迫还击，给了顽军以严厉的教训，使其反共气焰有所收敛，不敢轻举妄动。特别是滞留在华北敌后的国民党中央军卫立煌部，暂时与八路军的关系比较融洽，这就使八路军暂时无后顾之忧，可以集中力量打击日军。

邓小平提出："我们华北的老百姓现在是恨透鬼子了，抗日军民与鬼子不共戴天！华北敌后的抗日力量目前空前壮大。我们遵照党中央确定的在敌后放手发动群众，壮大人民力量的方针政策，把广大人民群众组织、动员起来了。特别是在敌后建立起了抗日民主政权，这些都是我们克敌制胜的基本条件。"他特别指出："我们师现在有60%的仗打的都是交通仗。交通斗争确实已经成为我军同敌人进行军事斗争的主要形式之一。"

聂荣臻说："敌人由于兵力不足，只能据守一些城镇和修筑大批碉堡，控制若干个'点'，然后通过控制交通要道，把这些'点'连成'线'，再由'线'扩展到控制'面'，把整个'面'掌握起来。我们对付敌人'点''线''面'的结合，就是要下功夫孤立他的'点'，不让他通过'线'扩大成'面'。这样，敌人就无计可施了。今年以来，鬼子依托平汉路（即北京至武汉）向东扩张，相继修成石家庄至南宫、内邱至巨鹿、邢台至威县、邯郸至大名等公路干线和许多支线，把冀南根据地分割成了很多小块。同时，鬼子还在平汉线西侧积极修筑据点和公路，严密封锁太行、冀南的交通，妄图缩小我们的活动范围。"

刘伯承也接着说："我认为鬼子现在加紧抢修道路，在平汉、津浦两侧挖沟，这不单纯只有军事目的，还有政治、经济和文化方面的目的。他们是从战略的角度来组织它的交通的。鬼子向来认为，只要交通有保障，灭亡中国绝对不成问题。因此，他们把铁路当作是大运兵线，公路当作小运兵线，据点是兵站。敌人要用铁路做柱子，用公路做链子，用据点做锁子，来制造一个囚笼，把我们装进去。"

彭德怀说："敌人的目的很明确，就是要利用交通线快速调兵遣将，把我们的根据地分割成一个个小块。在铁路、公路两侧修建很多据点，又使我们很难接近这些交通线。因此，不破坏敌人的铁路和公路，我们就无法进行活动，就始终处于被动的地位。在我们的眼前，有正太、同蒲、平汉、津浦、平绥、北宁和胶济等铁路线。在这些纵横交错的铁路网中，正太路处于中心位置。它是连接晋冀两省的战略交通要道，又是把荣臻、伯承分隔开来的一道屏障，实为心腹大患啊！"

大家随着彭德怀手指的方向，把目光集中在地图的正太铁路上。

正太路为当时从河北正定到山西太原的一条铁路，这条铁路就像"H"中的一横一样，东边连接着平汉铁路，西边连接着同蒲铁路（山西大同到风陵渡）。正太铁路全长 249 公里，横穿太行山脉，在崇山峻岭间由东向西蜿蜒而去，把巍巍太行劈成两半。这条铁路是驻守华北日军的重要战略交通线。它控制着山西和河北两省，运送兵力和物资十分方便，而且在这条铁路上还有全国重要的燃料基地——阳泉、井陉煤矿。这些煤矿产的煤是冶炼钢铁的最佳燃料。这条铁路还是日军对抗日根据地进行破坏的重要封锁线之一。在这条铁路的北面，是聂荣臻领导的晋察冀根据地；南面是刘伯承、邓小平领导的 129 师晋冀鲁豫根据地；西面是贺龙领导的 120 师晋西北根据地。

除太原和石家庄以外，日军以第 4、第 8、第 9 三个独立混成旅团共计 3600 余人，分布在铁路沿线大小 50 个据点里，守护着这条铁路线。铁路两旁的大小城镇、车站和桥梁隧道附近，均派驻数十至数百人的兵力担任守备。在距铁路两侧 20 里—30 里，还构筑有一线外围据点。除此之外，敌人还经常派装甲车在铁路上及附近日夜巡逻。

聂荣臻仔细看着地图，十分认真地说："把正太路搞掉，使晋冀鲁豫和晋察冀两个根据地连成一片，这个计划如果能够实现，那当然好。不过，我们要想完全控制正太路，或者把它彻底摧毁掉，恐怕难以实现。因为，鬼子为了巩固他的后方，正企图通过巩固交通线，把山东、河北、山西三个地区紧紧连在一起。石家庄到德州这段铁路，虽然日本人正抓紧修，但由于屡次遭到我们的破袭，还没有修通。在这种情况下，日军把正太路看成是连接山西、河北的重要交通命脉。如果他们丧失了对正太路的控制，他在山西的占领军一切补给都难以保障，敌人是不会善罢甘休的。即使我们能够在短时间内炸断、摧毁正太路，暂时断绝了他的交通，但从敌人具备的技术力量来看，很快就可以修复。"

聂荣臻说道："鉴于这些考虑，我的意见是，完全搞掉正太路，将两个区域连在一起，这个想法不够现实。至于对正太路进行破袭，我完全赞成。对敌人交通线的破袭战，这是我们在游击战争中经常运用，几乎天天都在破袭嘛。这有什么不可以！我估计，正太路经过一次全线大破袭，可以使鬼子几个月修不起来，对他们的'囚笼'政策是一个沉重的打击。"

彭德怀说道："日军曾经自吹自擂，说这是一条'钢铁封锁线'，在我看来，正太路沿线山高沟深，桥梁、隧道相连不断，敌人兵力分散，修复起来难度比较大，破袭效果会比较好。有些人说我们八路军'游而不击''专打友军，不打日军'，这次，我们要狠狠地打击日军一下，要让日军尝尝我们游击战的厉害！"

彭德怀的话，使会场的气氛更加热烈起来，大家纷纷表示赞同。

邓小平风趣地说道："破了正太路，鬼子只好跟咱们一样，在大山里爬喽。不要说扫荡，龟孙们连饭都吃不上喽！"

大家听了哈哈大笑起来。

就这样，对以正太铁路为主的交通大破袭战的计划初步确定了下来。

会议结束后，刘伯承、邓小平回 129 师师部，聂荣臻回到了晋察冀边区，分别布置破袭战准备工作。左权受命制订交通破袭战的详细计划。

从此，在八路军总部的作战室里，又多了一张正太铁路的对日作战态势图。

战役部署

　　1940 年 7 月，经过一段时间的酝酿，对正太铁路进行总破袭的计划已经成熟，而且随着雨季的到来，交通破袭战的有利时机已经到来。

　　武乡县王家峪八路军总部的作战室里，挂满了各式各样的军事地图。每天，彭德怀和左权都站在地图前，反复研究着出击的计划。骑兵通讯员飞马奔驰，传达着总部的各项命令。中共中央北方局书记杨尚昆、八路军政治部主任罗瑞卿、副主任陆定一等也常到作战室来，参与军机。

　　1940 年 7 月 22 日，八路军总部以朱德、彭德怀和左权三个人的名义发布了《关于正太路战役的预备命令》。

　　聂、贺、关、刘、邓并报军委：

　　一、情况与任务

　　1. 由于国际形势的变动，我西南国际交通路被截断，国内困难增加，敌有于八月进攻西安截断西北交通之消息。似此，一部大地主、大资产阶级之更加动摇，投降危险亦随之严重，我军应以积极的行动在华北战场上开展较大胜利的战斗，破坏敌人进攻西北计划，创立显著的战绩，影响全国的抗战局势，兴奋抗战的军民，争取时局好转，这是目前严重的政治任务。

2. 敌寇依据几个交通要道，不断向我内地扩大占领地区，增多据点，封锁与隔截我各个抗日根据地之联系，特别是对于晋东南以实现其"囚笼"政策，这种形势日益严重。又迭据各方情报，敌寇有于八月间进犯西安企图。为打击敌之"囚笼"政策，打破进犯西安之企图，争取华北战局更有利的发展，决定趁目前青纱帐与雨季时节，敌对晋察冀、晋西北及晋东南扫荡较为缓和，正太沿线较为空虚的有利时机，大举破袭正太路。

二、战役组织

1. 战役目的以彻底破坏正太线若干要隘，消灭部分敌人，收复若干重要名胜关隘据点，较长期截断该线交通，并乘胜扩大拔除该线南北地区若干据点，开展该路沿线两侧工作，基本是截断该线交通为目的。

2. 基本内外（破坏）区，为井陉、寿阳等（段），但对其他各重要铁道线，特别是平汉、同蒲，应同时组织有计划之总破袭，配合正太铁道战役之成功。

3. 战役兵力组成，直接参加正太线作战之总兵力应不少于22个团。计聂区（冀中在内）应派出10个团，129师派出8个团，120师派出4—6个团，总部炮兵团大部，工兵一部，对其他各铁道线配合作战之兵力，由各区自行规定之。各出动部队之后方勤务由各区自己布置之。

4. 定八一三以前（约八月十号左右）为开始战斗期限。

三、战役部署另告。

四、战役准备在八月十号前完成下列准备：

1. 侦察平定以东至石家庄段，由聂区负责，平定（平定城含）至榆次、太谷段由129师负责，榆次、太谷段以西（榆次含）至忻口线由120师负责，侦察着眼点另告，但钳制方面的侦察由石家庄至卢沟桥，由聂区负责，由石家庄至安阳、由太谷至汾河（洪洞）、白晋路，由刘邓负责。

2. 粮食准备。各出动部队从出动之日起应准备一个月之粮食。

3. 破路爆破器材之准备。

4. 出动部队之调动与休整。

5. 对敌伪军及敌占区民众与会道门等工作之准备（多制就各种传单、标语）。

6. 地方工作原来之准备。调集大批地方工作干部，加以对敌占区各种政策及工作方法方式等之训练。

五、战役政治保证计划另告。在战斗未发起前严格保守秘密。准备未完毕以前，战役意图只准告知旅级首长为止。

朱、彭、左

七月二十二日晨①

这个命令明确地分析了全国的抗战形势和华北的整个时局，阐述了这次战役的意义，并规定了这次战役的目的，就是"破击"。"破"就是破坏敌人的交通线，阻断交通，"击"就是袭击，打击日伪军及据点，以"破"为主，以"击"为辅。

这次破坏的重点地域是井陉、寿阳段的铁路，其他重要的铁路，特别是平汉、同蒲，也应有组织有计划地进行，以配合正太铁路的破坏。

大战就要开始了。战士们从每天增加的五分钱菜金中已经预感到又要打仗了。

---

① 中国人民革命军事博物馆《百团大战历史文献资料选编》编审组编：《百团大战历史文献资料选编》，解放军出版社1991年版，第15—16页。

当年在敌后坚持抗战的八路军，很少能够得到蒋介石发的粮饷，经常是要吃没吃，要穿没穿，枪支弹药就更加难以得到及时的补充。为了抗日，八路军只好自己想办法解决。没有粮食，他们就抽出一部分兵力，去开垦荒地，种粮种菜，在敌后搞起了"生产自救"运动。

当时，华北地区接连遭受旱、涝、蝗虫以及瘟疫等自然灾害，尽管根据地的抗日军民加紧生产，但大家的生活仍然十分困难，要想每人增加几分钱的菜金的确是件不容易的事。所以，战士们从增加的五分钱菜金里，立刻就能体会到是要打仗了，而且肯定是要打大仗！

7月23日，总部又下达了关于进行正太战役中侦察重点与注意事项的指示。该指示特别强调了在侦察中要保持极端的秘密。

聂、贺、关、邓、刘：

（一）进行正太战役中，侦察工作是保证战役成功首要工作，侦察重点应以正太沿线特别是井陉、寿阳段为最中心，对石家庄南北之平汉线，阳曲南北之同蒲线、白晋线、平昔和辽线亦应同时进行侦察。

（二）侦察着重点：1.敌伪兵力其分布情形。2.敌伪据点分布位置及其构筑法与坚固程度。3.车站、水塔、隧道、桥梁，对准备破坏者，应特别详细侦察。4.铁道内的情形及隐蔽程度。5.居民情况，汉奸伪组织情况。6.粮食情况。7.火车每日行驶次数与时间，戒备程度。8.敌寇资材集结地。

（三）侦察注意：1.保持极端秘密。2.分遣多数便衣组，配以技术人做对于水塔、隧道、桥梁之破坏应能计算需要药量作业力等。3. 一般地应派干部进行之。4. 注意寻找沿线居民中同情分子，作详细调查。

（四）侦察结果应于八月五日前电告。

朱、彭、左
二十三日①

对于大战前的侦察工作，八路军总部非常重视，力争做到知己知彼，而且知道了解得越深越透越好。总部对侦察的主要方面如敌人的兵力、据点、车站、水塔、隧道、桥梁等，以及粮食、物资的储备，所需炸药的药量等，都做了详细的研究。由此可见，这次大战的准备工作是非常充分的。

1940 年 8 月 5 日，八路军政治部主任罗瑞卿、副主任陆定一共同下达了《正太线战役政治工作指示》。

一、深刻解释本战役的意义，为保守秘密起见，事前不可宣布地点，而宣布假的地点。本战役之重大意义如下：

（一）在敌后方打大胜仗，兴奋全国与敌占区同胞的胜利信心，孤立与打击投降派，提高我党我军威信，争取时局好转。

（二）粉碎敌寇进攻西安的阴谋，保卫大后方，巩固统一战线。

（三）粉碎敌寇对抗日根据地的"囚笼"政策，巩固各抗日根据地，求得打通联系及开展敌占区工作。

二、为了达成战役之彻底胜利，对于所有参战部队，要力求有良好的纪律（尤其是战场纪律及在敌占区行动的纪律），

---

① 中国人民革命军事博物馆《百团大战历史文献资料选编》编审组编：《百团大战历史文献资料选编》，解放军出版社 1991 年版，第 17 页。

绝对服从指挥，完成自己任务。在作战期间保持持久的高度的英勇气概，和克服困难的坚强意志。

对攻坚部队、钳制部队、游击部队、爆破部队、运输部队，应有特殊的动员，并订立简单扼要的竞赛，百分之百完成自己的任务。

三、严格保持战场纪律，反对不守时间、不遵命令、打滑头仗、发洋财、杀俘虏、搜腰包、抛弃伤员及乱拿群众东西。为此，须缜密注意粮食之筹措与搬运，战时携带充分干粮及供给饮料，组织伤员后运及迅速接收俘虏等工作，政治机关事先应派员前往布置一切。

四、交通战争是群众性极大的战争，破路及搬运胜利品需要大批民夫，对民夫应有很好的掩护与指挥。

动员民夫应事先决定适当数目（勿太多太少），说明携带何种工具及准备几天干粮，由地方党政机关动员和带领参战。军队必须很好掩护他们，时常传达消息，尤其胜利消息，和指定一定的有经验的人员，指挥和教他们工作，组织他们自己供给饮料，指定安全妥当的宿营地，注意防空，保证他们没有死伤和病的。政治机关要派人做宣传鼓动工作，和防止谣言。

五、敌占区工作主要是收复人心，故应极端严格注意部队的纪律。

1. 不准打人、骂人、捉人。

2. 不准马踏青苗，行进中派人检查。

3. 不准偷瓜果，必须按价购买。

4. 烧柴火须按买价付钱。

5. 借物送还，损物赔偿。作战用的梯子、工具等亦然。

6. 不准随便支差。支差由师统筹，战时就地支差，须经过旅政治部，对担架民夫须加强政治工作，改善生活待遇。

7. 注意进出宣传，严格进出检查。

8. 加强纪律教育，特别注意干部犯纪律现象。

9. 粮食统筹统支，不准到一村吃一村。

六、由政府民众团体，组织工作团、工作组，部队须带着他们到敌占区工作，扩大抗日政权的影响，张贴政府文告，召集士绅名流、小学教员等座谈，赈济与安抚被日寇蹂躏的民众，召开民众大会，召开伪政权、伪军家属联欢会，劝其要子弟回家抗日，一律欢迎，决不追究。此类工作都由抗日政府出面，军队的政治机关协助之。

七、对土匪采取消灭政策，对会道门要极其耐心的争取，经过地方民众去喊他们，以政治宣传、友善态度及良好纪律去影响他们的领袖与群众；如果会道门在汉奸领袖领导之下向我们发生敌对行动，只可防御，不可报复，而应以足够兵力去设法与他和平共居，加强争取工作，孤立以致驱逐其汉奸领袖。

八、对汉奸的政策

1. 对于维持会，宣传上应指出维持会是汉奸的机关，打击其威信，但对维持会人员应分别对待。罪行昭彰，死心塌地的分子，应逮捕交抗日政府就地公开枪决，并出布告，没收其个人之财产。两面派分子应与之谈话，如愿公开自首，则实行秘密自首，写悔过书妥为保存。

2. 对于日寇在每个村子所放的特务人员（皆系本村人，由日寇收买和训练的，每村一人以上不等），务须秘密在群众中访问清楚，全部加以逮捕，勿使漏网一人，也勿错捉一个。其作恶多端的由抗日政府枪决之；其余则令其自首，加以训练，订立条约，规定他们为抗日军作情报工作，及欺骗日寇，在我军退出时或退出后放他们回去。

3. 对于新民少年团等组织及受过敌人训练的青年，一律加以重新训练，并召集其家属谈话，晓以大义。

九、注意收集敌人文件书报，获得重要秘密文件，交与上级者应酌量给赏。注意各种资材，如粮食、钢、铜、铝、铅、仪器、炸药、汽车、发动机、重工业工具、机器、化学品、医药等之获得与运输，对此类工作有功的，亦酌量给赏。政治机关对于此种资材应事先侦察及计划搬运。

十、保守秘密是胜利的重要保证。必须隐蔽行进的部队番号及目的地。对于敌占区党的组织及其他革命群众团体，也要严格保持秘密，以便今后能继续工作。

十一、胜利的保证，战果的大小，依赖于政治工作机关事先有周到详密的计划与组织，依靠全党全军深刻的政治动员，依靠在作战时期内政工人员毫不疲倦的、夜以继日的紧张工作。政治工作要求适合于连续战斗的环境，应在战斗中不断地工作，不断地鼓动，不断地整理组织，不断地保证部队的物质供给，不断地给与部队以胜利消息和迅速地及时地解决问题。政治机关必须在战前派遣得力人员前往战地附近布置一切，对于全体政工人员，给以本指示中各项原则的教育。

罗、陆①

政治工作是我军的一大特色，也是我军能够取得不断胜利的根本保证。八路军的这个政治工作指示，首先明确要通过大力宣传对日寇的破袭，提高我党我军的威信，增强全国同胞的

---

① 中国人民革命军事博物馆《百团大战历史文献资料选编》编审组编：《百团大战历史文献资料选编》，解放军出版社1991年版，第18—20页。

胜利信心，进一步孤立和打击各种投降势力，争取时局的好转，目的就是要各参战部队明确这次是为什么要打仗，并提出了保证战役胜利必须要遵守纪律，绝对服从指挥。

对群众也要搞好宣传教育，尤其是要做好伪军家属的工作，要劝其子弟回家抗日。对土匪和汉奸、特务也规定了明确的政策，必须正确处理。

指示还特别要求注意收集敌人的文件和书报，收集各种物资和器材，为我所用。这一指示，对做好战前各种准备工作提出详尽的要求，真可谓事无巨细。

正太路是日军的重要交通命脉，守备日军都是日本的劲旅。东段井陉到石家庄西侧是日军独立混成第8旅团，西段娘子关到寿阳一带是日军独立混成第4旅团，太原、榆次地区是日军独立混成第9旅团。沿铁路线，敌人修建了数不清的据点，构筑了大量坚固的碉堡。各据点、碉堡之间相互支援，互相配合，构成了十分强大的火力网。如果我们稍有不慎，露出破绽，过早暴露了我们的战略意图，正太路的破袭任务就很难完成。

1940年8月8日，朱德总司令、彭德怀副总司令、左权参谋长终于正式发布了《战役行动命令》。

聂、贺、关、刘、邓并报军委：

一、情况任务与战役组织见七月二十二日辰命令。

二、战役部署及作战地域区分

1. 聂集团主力约10个团，破坏平定（平定县不含）东到石家庄段正太线。破坏重点应在娘子关平定段。对北宁线、德州以北之津浦线、德石路、沧石路、沧保路，特别是对元氏以北至卢沟桥段之平汉线，应同时分派足够部队破坏袭击之。阻击可能向正太线增援之敌，相机收复某些据点，对西北两面之敌以适当兵力监视之，另以有力部队向盂县南北敌据点积极活动，相机克复某些据点。

2. 刘、邓集团以主力8个团附总部炮兵团一个营，破击平定（含）至榆次段正太线。破坏重点，阳泉张净镇段。对元氏以南至安阳段平汉线、德石路、邯大路、榆次至临汾段、同蒲线平遥至壶关段、白晋线、临屯公路，应同时分派足够部队破袭之，阻敌向正太路增援，相机收复某些据点。对辽平公路应派有力部队积极活动，相机收复沿线某些据点。另以一个团之主力位于潞城襄垣间地区。

3. 贺、关集团应破袭平遥以北同蒲线及汾离公路。破坏同蒲线部署，应以重兵置于阳曲南北，阻敌向正太线增援。该集团原拟一个团在阳曲以南配合作战，兵力较小，应加强之。如汾河可能徒涉时，该集团阳曲以南配合作战部队，应力求以约两个团之兵力进至榆次南北地区，直接加入刘、邓集团作战，并归刘、邓直接指挥之。对晋西北腹地内各个敌之据点与交通路，应分派部队积极破袭，相机收复若干据点。

4. 总部特务团主力集结于下良、西营地区。

三、上列各集团及总部特务团统由总部直接指挥之。

四、限八月二十号开始战斗。

五、各集团战役准备侦察具体部署即告。

朱、彭、左
八月八日申①

<hr>

① 中国人民革命军事博物馆《百团大战历史文献资料选编》编审组编：《百团大战历史文献资料选编》，解放军出版社1991年版，第21—22页。

▲百团大战战役部署略图

《战役行动命令》明确指出，由于破袭正太路的主要目的，是减轻日军对我晋察冀和晋冀鲁豫两大根据地的压力，因此聂荣臻的晋察冀军区和刘伯承、邓小平的 129 师担负着此次百团大战的主要破袭任务，而贺龙、关向应的 120 师则是配合作战。而且，从 7 月 22 日的《关于正太路战役的预备命令》和 8 月 8 日的《战役行动命令》中我们都能看出，八路军总部只规定出动 20 多个团的兵力参加这次战役。如《关于正太路战役的预备命令》里规定，"战役兵力组成，直接参加正太线作战之总兵力应不少于 22 个团。计聂区（冀中在内）应派出 10 个团，129 师派出 8 个团，120 师派出 4—6 个团，总部炮兵团大部，工兵一部，对其他各铁道线配合作战之兵力，由各区自行规定之"。

再如《战役行动命令》中明确规定，"聂集团主力约 10

个团"、"刘、邓集团以主力 8 个团附总部炮兵团一个营"和"另以一个团之主力位于潞城襄垣间地区","贺、关集团……应力求以约 2 个团之兵力进至榆次南北地区",如再加上总部的特务团,最多也不超过 25 个团参加这次战役。

就在 8 月 8 日这一天,八路军总部还向各部队下发了《关于百团大战破坏战术之一般指示》。

聂、贺、关、刘、邓:

关于破坏战术之一般指示:

一、正太战役目的及破袭地段区分详见七月二十二日辰及八日午两电。

二、战役成果之大小主要是看破坏正太路之程度为定。因此,破坏工作为此次战役中最中心之环节。破坏工作之成功,又决于我人力、物力之准备,敌情、时间之可能及破坏方法是否适合于战术的要求等。

三、破坏对象

1. 桥梁(铁桥、石桥、木桥)。

2. 隧道。

3. 车站(水塔、机车厂、材料厂、叉道、通讯装置、火车)。

4. 铁道(山腹路、凸路、凹路)。

四、破坏方法,分爆破、毁坏、燃烧三种。爆破,应以爆破技术人员及工兵部队执行之;毁坏及燃烧可用一般战斗部队及多动员民众执行之;但须有组织及指导,并须在一定的计划下行之。

1. 对桥梁的破坏。

(1)铁桥,主要是用黄色药,选择装置易而难修理之点炸毁,因此应爆破:①桥脚及桥基。②拱形铁桁、铁板桁。

③从于俄及横栽，但依本破坏法，则需爆破其桥桁与选择高脚桥彻底炸毁之，虽用药较多亦所不惜。

（2）石桥主要爆破桥基、桥脚，可用前方法。

（3）木桥爆破桥脚、桥座，如敌情时间许可，则用器具锯解、毁坏或燃烧之。

2. 隧道，主要是用炸药爆破，应按隧道之长短选择中间部两侧，或分为数点或窑顶或入口部，置药容用大量装药使一齐爆炸。

3. 车站爆破毁坏。

（1）破坏甲板水塔，以黄色药炸水机导水管，并炸水箱。

（2）机车厂、材料厂，夺取其重要材料燃烧或爆破均可。

（3）叉道随同铁道。

（4）通讯机关毁坏或烧毁。

（5）火车集中多数车辆燃烧之，对机关车，则爆破其汽车连杆、汽罐轴筐等或使列车相互冲突事引入悬崖，倾倒深沟之中。

4. 铁路主要是集中多数人力毁坏之，如拆轨，挖路基，炸路，燃枕木、电线杆等。

五、破坏之顺序。此次破坏作业是在战斗下进行的，因此破坏作业应适应战斗情况之变化，先破坏最主要的，如桥梁、铁道、水塔、机关车等，再破坏铁路、车站其他各部，先作初步的重要的破坏，力求短少时间内也能取得重大的成功。时间余裕时，再作彻底的补充破坏。如桥梁的初步破坏，再破坏桥座，工形铁桥等补充破坏，是彻底炸毁桥脚、桥座等。又如铁路的初步破坏，是拆铁轨，选择重要而难于修补之处炸倒。补充破坏是燃枕木，挖路基等等。为使这一必要之破坏顺序能实现，各集团指挥机关应依据侦察结果，人力物力之准备，特别是依据战况之发展，具体计划组织，破坏之部署和破坏之部队灵活之使用。

六、为解决我人力物力之不足和获得资材人员之补充，应注意下列事项。

1. 除动员民众外，应广泛争取沿线工人及铁路职员等参加破坏工作。他们熟悉一切情况与有关破坏技术，注意组织与指导其工作，任务完毕后之适当处理，能参加军队者尽量争取之，但应注意检举工作。

2. 收集各种破路工具。

3. 收集必寻找炸药，这是铁路上常备之物。

4. 利用废物，利用这种破坏那种。如利用枕木烧桥梁、铁路、车站等。

5. 注意寻找各建筑物，原已设置之破坏，即如桥墩中心基础下帽，有予备破坏孔，隧道顶上或侧面常有通气孔，均可作爆炸之装药室。

6. 收集破坏得来之铁轨、桥梁，并通讯器材、钢料、电料、汽油、煤油、发动机、炸药、军用品、敌方文件以及一切有用资材，并准备向沿线敌人购买各种必需品，如棉花、布料、药料、日用品等。因此，必须组织各种人员，除军事、政治、技术人员外，还应有供给卫生人员参加，进行收集各种资材的工作，并组织一切转运事项，原则上应是逐段转运。

七、各集团破坏部队，一般的应采分段配置，每段有统一之指挥，但同时又必须保证集团之统一指挥，以便灵活使用。

八、破坏部队必须有精密的组织与分工和严密的工作秩序与纪律，保持高度的、紧张的工作与持续的作业力，并准备夜间的强行作业，注意炸药之节省与保管。

九、破坏部队与掩护部队，必须有密切联络。破坏队应将所得之情况随时通报掩护部队与上级指挥机关，而掩护队必须把情况随时通报破坏队，任何情况下，均必须给破坏队切实的掩护。破坏区其应有宽广的侦察警戒网，以便及早发现情况，改变确为保证破坏之成功，特别是各要点。

十、破坏之成功，掩护部队应发挥最大的顽强性，抗击可能反击我军之敌。

这是破击正太路破坏战术的一般指示，破坏道路希望参考。

· 二十七日午，关于破坏道路经验综合电，希注意收。这一次大破路中关于战术的技术的各方面的经验教训电告。

朱、彭、左
八日①

从这个指示看，八路军总部再次强调，这次战役的主要目的就是破坏正太路上敌人的各种交通线，"战役成果之大小主要是看破坏正太路之程度为定。因此，破坏工作为此次战役中最中心之环节"。也就是说，各参战部队无论消灭多少敌人，拔掉多少据点，最终还是要看破路的程度，以破路多少来衡量这次大战任务完成得好与坏。

由于这次破袭任务与以往的游击战有很大的不同，以前的游击战是打了就跑，在运动中消灭敌人。但这次的任务首先是破袭，这就有许多技术性的要求，如爆破，什么建筑用多少炸药，炸药放在什么位置爆破效果最好，如何固定好炸

---

① 中国人民革命军事博物馆《百团大战历史文献资料选编》编审组编：《百团大战历史文献资料选编》，解放军出版社 1991 年版，第 23—25 页。

药等。部队战士们冲锋时面临最多也是最大的难题就是剪铁丝网、电网，用什么剪，怎么剪，能不能剪得动。这些对很少同现代军事工业设施打交道的来自山区的八路军战士来说，都是十分陌生的。因此，各参战部队都做了充分的战前动员，大家出主意，想办法，动脑筋，搞发明，进行了许多有针对性的攻坚、爆破、剪铁丝网、电网的训练。如用篮球胆做手套，握着大铡刀砍铁丝网、电网，既不扎手，也不会触电。

各路大军接到命令后，立即开始进行战役前的军事部署。

晋察冀军区司令员兼政委聂荣臻在接到总部命令后，立即召开高级干部会议，并于1940年7月23日下达了《晋察冀军区战役部署命令》。根据总部命令，晋察冀军区的任务是破袭正太路石家庄到平定这一段，重点是娘子关到井陉煤矿这一段铁路，同时广泛破袭平汉（这里并不是指从北京到武汉全线的平汉线，而是指该线在华北境内的部分。北宁、津浦也是这个意思）、北宁（北京经天津至辽宁沈阳）、津浦（天津至江苏南京的浦口）、德石（德州至石家庄）、沧石（沧州至石家庄）的铁路和公路，阻止敌人向正太路增援。

会议决定，军区立即组织攻击部队。经聂荣臻和军区参谋长聂鹤亭、副参谋长唐延杰、政治部主任舒同等人商议，决定将全军区部队组成左中右三个纵队、独立支队和总预备队。

中央纵队由2团、3团、16团和井（陉）获（鹿）支队组成，杨成武任该纵队司令员兼政委。其主要任务是破袭从上安、下安到娘子关的铁路。这一路是晋察冀军区破袭的主攻方向。会议要求杨成武部要下大力气破坏井陉煤矿的各种设施，大力破坏铁路、桥梁、路轨。得手后，沿铁路向娘子关方向扩大战果，与右纵队联络。

左纵队由军区特务团主力、冀中警备旅1团及四分区井陉支队一部分组成，熊伯涛任司令员兼政委。主要任务是破袭石家庄至上安、下安段的铁路，大力破坏铁道、桥梁、车站、道轨，以及石家庄至平山和平山至微水之间的公路。

右纵队由5团、19团组成，郭天民任司令员，刘道生任政委。主要任务是破袭娘子关至乱柳的铁路。其中重点是娘子关、磨河滩、上下盘石、移穰等各点附近的铁路、桥梁、车站、路轨及隧道。然后，以主力的一部分转向阳泉方向扩大战果，并与129师联络。

独立支队由军区骑兵团、120师骑兵营、四分区骑兵连等部队组成，四分区参谋长叶长庚任司令员，军区骑兵团政委蔡顺礼任政委。主要任务是，大举破袭石家庄至新乐之间的平汉路及平山、灵寿间，灵寿、正定间与行唐、长寿间的公路，务必要使其在一周之内不能通车，以阻止敌人增援。钳制平汉路以西的日军，同时对保定、高碑店、卢沟桥以北以及北宁线等敌进行分别钳制。

总预备队为津南自卫队。冀中两个步、炮兵连，两个机枪连，由张仲翰任司令，贺庆积任政委。主要任务是对回舍、白塔坡、平山等敌人据点进行积极袭扰，破袭这一区域敌人的公路。

冀中军区司令员吕正操、政委程子华也奉命对所属部队作了部署。

编组命令下达后，各个部队立即赶赴指定地点集结待命，各种战前的侦察和作战物资的准备工作也在紧张有序地开展。

129师接到总部命令后，师长刘伯承、政委邓小平立即召集陈赓、陈锡联、谢富治等部署作战任务，并于1940年7月22日下达了《一二九师正太战役作战命令》。

▲破袭正太铁路的八路军正在开进途中

129 师的主要任务是破袭平定至榆次的铁路，重点是阳泉至张净镇段。同时，对元氏以南到安阳的平汉铁路、德石铁路、邯大铁路，榆次到临汾段的同蒲铁路、平遥至壶关段的白晋铁路以及临屯公路展开广泛的破袭，阻止敌人向正太线增援。

经刘伯承、邓小平和参谋长李达商议，决定这次战役主要由陈赓、陈锡联、谢富治统一指挥。主攻部队为陈赓的 386 旅、陈锡联的 385 旅。

主力编为三个纵队：

中央纵队由 386 旅主力 772 团及 385 旅主力等组成，共八个团，由陈赓直接指挥。主要破击平寿段之敌。

左纵队由 386 旅 16 团及其决死队第一纵队的 25 团、38 团组成，由 386 旅参谋长周希汉指挥。

右纵队由新 10 旅等部组成，由范子侠指挥。

120 师接到总部命令后，师长贺龙、政委关向应及参谋长周士第等立即召开军事会议，进行军事部署。贺龙、关向应考虑到破袭平遥以北同蒲线困难较大，且难以奏效，随即提出以破击太原以北以同蒲路和忻（县）静（乐）公路为重点的作战计划，经八路军总部批准后作了具体部署。

贺龙、关向应、周士第等决定，358 旅旅长张宗逊、政委李井泉带领所部，出击忻（县）静（乐）公路，并协同独立 1 旅 715 团负责攻占岚县东村。独立 1 旅由旅长高士一、政委白坚指定 2 团负责攻占离石一线的石门、寺疙瘩等敌人据点。

新军决死队第一纵队队长韩钧、政委王逢源带领所部和决死队第四纵队队长兼政委雷任民带领所部共同组成战斗集团，负责破袭汾离公路和据点。

山西新军工卫旅（工人武装自卫旅）旅长兼政委侯俊岩带领一个团和师部直属特务团，破袭高村至平社段的同蒲铁路。

续范亭的山西新军暂编 1 师负责打击五寨、神池一线敌人的交通运输，夺取周围的据点，保障独立 2 旅的侧翼安全。

这时，在八路军总部驻地，也是一片繁忙景象，参谋们进进出出，电台发报声滴滴答答响个不停。

彭德怀和左权根据参谋们的报告，用铅笔不断地在作战地图上标志出各个部队的位置。

尽管是大战在即，但各个部队的调动和部署，各个专区参加破路群众的战前动员，都按照要求处在极端的秘密之中。

日伪军尽管时刻注意着八路军的动向，但他们丝毫也没有察觉到在华北大地上有什么异常的变化，更不知道八路军即将要展开大规模的战役行动。

8月20日夜，彭德怀和左权拿着怀表，看着时针慢慢地指向20时，总破袭的时间即将到了。

突然，远处传来了沉闷的喊杀声、枪声和爆炸声，彭德怀和左权交换了一下喜悦的目光。左权激动地敲了敲桌子，轻声地说："开始了!"

勇夺娘子关

八路军最先攻占的日军重要据点是天险娘子关。

娘子关位于河北和山西交界处，是太行山的咽喉，山西东南的门户，自古以来就是重要关隘，是兵家必争之地。相传隋末唐初时，唐高祖李渊、秦王李世民父子起兵反隋，李渊的三女儿平阳公主文武双全，为了协助李渊、李世民削平诸侯，统一天下，曾统率精兵驻扎在此，并建起了城关。平阳公主为了行军打仗方便，组织了一支由妇女组成的娘子军，作为自己的卫戍部队，此关因此而得名。

娘子关地势十分险要。1937 年 10 月忻口会战时，日军两个师团在娘子关下向中国守军冲击，经过八昼夜的激战，付出了惨重的代价，才占领了娘子关。这里真是一座"一夫当关，万夫莫开"的雄关！

日军攻占娘子关后，汲取了中国守军失败的教训，加固了娘子关原有的工事，又在娘子关旁边的山头上修建了四个大的碉堡，还在关下的娘子关村里驻扎了部分日军。

这样，娘子关就可与这些碉堡及娘子关村成为掎角之势，彼此可以互相支援。

就在大战开始前一天，聂荣臻带着一个精干的指挥班子悄悄地来到了正太路北面井陉附近的一个小山村，这个小山村叫洪河漕,仅十来户人家。聂荣臻把晋察冀军区的指挥所就设在了这里。

这个洪河漕,山高人少,比较隐蔽,易守易退,而且这里离正太路很近,南行20来里,就是正太路上的北峪大桥和南峪车站,从南峪向西14里,就是天险娘子关。特别是这次战役破袭的重点——井陉煤矿就在附近。

把自己的指挥所设置在离战场最近的地方,这是聂荣臻一贯的作风。他认为,作为指挥员,只有亲临前线,才能及时了解最新的情况,把握变化莫测的战场局势,掌握战斗的主动权。

聂荣臻和指挥所的人们在洪河漕村住下后,很快就进入了临战状态。他派出侦察、作战、通信方面的人员进行侦察,尤其是对娘子关和井陉煤矿的情况,侦察得非常仔细。

八路军的侦察员化装成当地的老百姓,偷偷接近井陉矿区,在矿区地下党组织的接应下,进入矿区进行侦察,对守矿的日军、伪军和矿警的兵力分布与活动规律等情况,都摸得一清二楚。

1940年8月20日,晋察冀军区右路纵队司令员郭天民、政委刘道生带领着5团和19团的战士们,冒雨穿过山间小路,在黄昏前秘密运动到娘子关敌人的鼻子底下。由于战前的充分准备和群众密切配合,部队封锁消息,敌人始终没有发觉我军的行动。

郭天民和刘道生决定,由5团主攻娘子关。团长陈祖林和政委萧锋立即带领5团的一部分兵力向娘子关摸去。

20时整,正太路上的大破袭战正式打响了!红色信号弹腾空而起,划破了夜空,各路突击部队像猛虎下山一样,扑向敌人的车站和据点。正太铁路上的一座座桥梁被炸,一段段铁路被毁,整个正太铁路到处是枪声和火光。

陈祖林命令 2 营先解决娘子关村的敌人,自己则带领主力向关口冲去。2 营的战士们潜入娘子关村,解决了村里的伪军,然后依托村庄,向据险顽抗的日军进行强攻。

驻守娘子关的是日军独立混成旅第 4 旅团的一个警备中队,队长是池田龟市中尉。

就在八路军向娘子关进发的同时,池田龟市就接到了报告:"有大量的共军部队正在向娘子关接近。"

池田龟市根本不相信没有重炮的八路军敢于进攻娘子关,所以他仍同往常一样,率领大部分日军乘摩托车外出巡逻去了。

就在陈祖林带着战士们向留守在娘子关的日军进行强攻时,池田龟市正好带着摩托车队回到了娘子关。池田龟市立即挥舞着战刀,带领日军士兵拼命向娘子关的工事里爬去,他们钻进工事,用机枪向八路军猛扫。而娘子关旁边山头上碉堡里,机枪也喷出了火舌。

黑夜里,十几条机枪的火力交织在一起,组成了一张火力网。

由于敌人火力很猛,八路军战士伤亡不少,但战士们利用黑夜作掩护,在陡峭的山坡上,冒着枪林弹雨,前仆后继,向娘子关上敌堡垒仰攻,反复地向敌人冲击。

经过三个小时的冲锋,战士们终于冲到了山顶,并炸毁了山上的碉堡,然后在山头上用机枪向关里的日军猛扫。

这一下,池田龟市再也顶不住了,他只好带领着残部逃出了关口,退到娘子关西侧的龙王庙里继续顽抗。

天近黎明的时候,我军胜利的旗帜已经插上了娘子关头。在日本侵略军铁蹄下生活了近三年的娘子关地区的同胞,看到八路军的旗帜高高地飘在关头，兴奋得流出泪水。

▲胜利的旗帜插上了娘子关头

占领娘子关以后，陈祖林并没有忘记，占领娘子关的目的是要炸毁娘子关东侧的铁路大桥。于是，他一边命令2营注意监视退到龙王庙里的日军残部，一边组织主力掩护工兵，迅速炸毁了铁路大桥，同时割走了关下全部的电话线。

就在陈祖林率领5团2营的战士与日军争夺娘子关的同时，5团1营在黑夜里徒步穿过棉河，向地处娘子关与程家陇底之间的磨合滩车站发起攻击。

就在1营的战士们占领了磨合滩车站外围的几个碉堡，正准备拆毁车站的各种设施时，突然开来了日军的一列铁甲列车，车上载有500多名日军。

这正是去支援娘子关的酒井铁甲列车队，这支日军装备齐全，凶猛异常。列车迅速开进磨合滩车站，日军跳下车，展开战斗队形，向 1 营进行攻击。由于敌我兵力悬殊，战士们不得不在拂晓时退出了磨合滩车站，在磨合滩村附近与日军形成了胶着状态。

在得知磨合滩车站的情况后，郭天民和刘道生立即指示 5 团，要 1 营除留下 1 连继续牵制敌人外，其余部队迅速撤离，展开破路行动。

留下来的 1 连，依托村庄房屋同日军展开了激战。由于连续降雨，磨合滩村旁的棉河洪水猛涨，河水汹涌而来，1 连退路被切断，只好依据磨合滩村抵御日军的攻击。

战斗一直进行到 23 日黄昏，日军再次增加攻击力量，大举包抄而来，战士们冒险涉水，大部分均渡过棉河到达北岸。

▲军民配合破坏娘子关处铁路

几天的大破袭，晋察冀军区右路纵队取得了较好的战绩。攻占了娘子关，炸毁了娘子关附近的大石桥，破坏了程家陇底到磨合滩车站之间的铁路。随后，还炸毁了移穰车站的水塔和铁路，炸毁了岩会附近的九孔大石桥等。

从 25 日起，正太路娘子关至乱柳的交通完全被断绝，日军陷入极度混乱之中。

百团大战由来

8月22日上午，彭德怀和左权在作战室里听取战况汇报，当作战科长王政柱汇报到八路军投入的兵力时，彭德怀问："我们这次参战的兵力一共有多少？"

王政柱答道："按照我们当初制订的作战计划，部署在正太线上的兵力最少是22个团。实际上，晋察冀军区、129师和120师部署在正太线上的兵力已经大大多于22个团。而且为了牵制日军兵力，策应和支援正太线上的大破袭，三大主力部队又在正太线以外部署了大量的兵力对日军进行作战，破袭公路和铁路，给予日军以狠狠打击。同时，各个根据地也派出了不少地方部队参加破路。"

彭德怀笑着说道："那你就算算看，我们这次交通大破袭战一共投入了多少个团的兵力呀？"

王政柱赶紧拿出记录本翻开，认真地计算起来："正太线30个团，平汉线卢沟桥至邯郸段15个团，同蒲线大同至洪洞段12个团，津浦线天津至德州段4个团，白晋线6个团，北宁线2个团，平绥线2个团，汾阳至军渡公路线6个团，沧县至石家庄公路线4个团，北平至大同公路线6个团，邯郸至济南公路线3个团，代县至蔚县公路线4个团，辽县至平定公路线7个团，宁武、岢岚、静乐公路线4个团。这次交通大破袭战一共投入了 105 个团。"

当王政柱正欲转身再去查看一下还有无漏报单位时，彭德怀摆摆手对他说："不管 100 多少个团啦，干脆就把这次战役叫百团大战好了！"

左权当即表示同意，并立即和彭德怀共同起草了一份《宣传工作指示》，下发给所属各个部队。

一、正太战役是抗战以来华北军队积极向敌进攻之空前大战，总合兵力共约百个团，故名"百团大战"，以便向外扩大宣传。

二、请注意：

甲、收集作战中之英勇事绩；

乙、多拍有意义之照片；

丙、收集军政文件与胜利品。

三、对一切建筑物之破坏后，必须派人确实检查破坏程度，以防虚报。

此令！

朱、左

二十二日午①

从此，八路军在各种上行下达的文件和命令里都开始使用"百团大战"这个称谓了。

当天下午，彭德怀和左权又给所属各部、中共中央军委和国民政府军事委员会委员长蒋介石发了电报。电报中也使用了"百团大战"这一名称。

---

① 中国人民革命军事博物馆《百团大战历史文献资料选编》编审组编：《百团大战历史文献资料选编》，解放军出版社 1991 年版，第 28 页。

聂，贺、关，刘、邓并报军委：

正太战役我使用兵力约百个团，于 20 日晚开始战斗。序战胜利已经取得。这次战役定名为百团大战。这是华北抗战以来积极主动大规模向敌进攻之空前战役，应加紧扩大宣传。此间除有专电发重庆转蒋（介石）、何（参谋总长何应钦）、陈（政治部部长陈诚）、徐（军令部部长徐永昌），发西安转办公厅，并发延安外，每日还有战况及论文广播，希注意接收，以便统一扩大宣传。

彭、左

养午①

延安收到这份电文后，分别呈送给毛泽东、王稼祥、朱德、洛甫、王明、康生、陈云、任弼时等中央领导同志。

给蒋介石的电报，则以第十八集团军总司令朱德和副总司令彭德怀的名义，先发给驻重庆的第十八集团军参谋长叶剑英，然后由叶剑英转发给重庆国民政府军参谋总长何应钦，再由何应钦转呈给蒋介石。

1940 年 8 月 27 日，叶剑英将朱德和彭德怀 8 月 22 日和 23 日的电报转发给何应钦和蒋介石。

委员长蒋②钧鉴：

谨将总司令朱、副总司令彭养③梗④敬⑤三电译抄呈鉴察。

附抄电三件⑥

职叶剑英谨呈八月二十七日

---

① 刘学礼著，武国友编：《红流纪事：百团大战》，吉林文史出版社 2011 年版，第 44 页。

② 即蒋介石。下同。

③ 指本月 22 日电报（编者注）。

④ 指本月 23 日电报（编者注）。

⑤ 指本月 24 日电报（编者注）。

⑥ 实际只选用了 2 件附上，即养电和梗电。

委员长蒋钧鉴：

（一）奉委座迭次电称，敌在太原集中两师团之兵力，渐增强晋南，准备进攻潼洛；又据职部各兵团迭次报称：关外之敌向关内增加，津浦及冀中、冀南敌陆续南移，向陇海东段集中，似有进攻潼洛，犯我西北，断我西北国际交通线企图。（二）为打击敌人企图，配合晋南及华中各友军作战，保卫西北，打破敌消灭华北抗日根据地，实行这一政策的毒计，职部决以组织百团兵力，对正太线进行大规模的进攻战，限期截断该线，彻底毁灭铁路交通，及主要公路线，进行大规模的破坏，截断其交通，以彻底粉碎敌寇进犯西北之企图，争取整个战局之好转。百团大战已经历一月余之准备，但恐电报机密不密，恐有泄漏，故未早报，特此申明。（三）百团大战除职部之115师主力、山东部队未编入战斗序列外，120师、129师、晋察冀军区各部主力及决死队之请求参战，部署计105个团。这是华北抗战以来空前未有之积极主动向敌进攻。谨将大战兵力部署报告如下：（甲）、正太线30个团。（乙）、平汉线由卢沟桥至邯郸段15个团。（丙）、同蒲线大同至洪洞线12个团。（丁）、津浦线由天津至德州段4个团。（戊）、汾军公路6个团。（己）、白晋线6个团。（庚）、北宁线2个团。（辛）、平绥线2个团。（壬）、沧石线4个团。（癸）、德石路4个团。（子）、邯济线3个团。（丑）、代县至蔚县4个团。（寅）、平大线×××至大同6个团。（卯）、辽平线辽县至平顺3个团。宁武、岢岚、静乐4个团。共105个团。并已分为3个集团，分由聂荣臻、贺龙、关向应、刘伯承、邓小平指挥之。大战已于八月二十号二十时开始，战斗序战胜利，已全部取得正太全线交通截断，大战正在发展中，战况请见战报。请分电各战区、各友军部队，抑制当前之敌，以利大战之进展。

　　谨电奉闻

　　　　　　　　　　　　职　朱德、彭德怀　养

　　注：国民政府军事委员会军令部第一厅第一处根据朱德、彭德怀养电绘制的百团大战战役部署图（略）。

　　附　　录：百团大战战役部署图上的部分文字。

　　方　　针：为打击敌人企图，配合晋南及华中各友军作战，保卫西北，打破敌消灭华北抗日根据地，实行这一政策的毒计。

　　兵力部署：如图所示（计105个团）

　　开始时间：八月二十日二十时

　　审核意见：

　　据敌八月二十四日播音宣称：我军破坏京汉及正太铁道。计被破坏铁桥十处，铁路十余处；又据朱、彭总副司令梗电报告，乏驴岭至地都段铁路及铁道、桥梁、碉堡、电线，悉被我破坏，并占领井陉煤矿，所有矿井机器全部炸毁。两相对照，均属相符，拟复勉并将实施情形通令各战区参考。当否乞示。

　　可。何应钦（何签字）①

　　八路军总部为了更好地宣传百团大战，从8月23日起，开始编辑《百团大战要报》，汇报各部队在各条交通线上大破击的战况和战果，随时电告延安中共中央军委、重庆国民政府

---

　　①　中国人民革命军事博物馆《百团大战历史文献资料选编》编审组：《百团大战历史文献资料选编》，解放军出版社1991年版，第148—150页。

军事委员会、第一战区司令长官卫立煌、第二战区司令长官阎锡山。到战役结束时，共编发《百团大战要报》近400号。

▲百团大战要报

8月23日，《新华日报》（华北版）以专版首次刊登了第一号《华北交通总攻击战捷报》。七天后，延安出版的中共中央机关报《新中华报》，在头版也发表了《八路军展开百团精兵大战》的消息，公布了第一批《百团大战要报》，并发表《八路军在华北反扫荡的百团大战》的社论，延安和各抗日根据地、重庆和大后方国民党统治区的报纸、刊物和广播电台，也纷纷发表消息、评论。

力克井陉矿

井陉煤矿，位于正太铁路路北，滹沱河以南，东靠微水、获鹿，西接娘子关，是华北著名的产煤区。这里的煤质量非常好，不仅可炼焦，供钢铁厂炼铁、炼钢，还可从煤中直接提取其他重要化工原料。井陉煤矿每天产煤量达到 6000 吨，成为日军侵华"以战养战"的重要资源供应地之一。

日军对井陉煤矿防范和保护得非常严密，挖壕沟、架设铁丝网、安装电网，修建了很多的碉堡。为了加速掠夺井陉煤矿的煤炭资源，日军又在东王舍一带增开了一个新矿。

在井陉煤矿，有 2 万多名中国劳工，他们饱受日本侵略者的残酷压榨，过着牛马不如的生活，还经常被日军任意杀害。

一次，井下突然发生了瓦斯爆炸，日方为了保住矿井，下令封死矿井。就这样，在井下的 1000 多名中国劳工全部被烧死、闷死。

为此，矿工们奋起反抗，成立了工人游击队。日军也加强了防守，派驻了一个中队的日军在这里日夜防守，而且还在不远处的贾庄修建了炮楼，戒备森严。

8 月 20 日夜，杨成武率领部队悄悄地来到了井陉煤矿附近，这里是晋察冀军区破袭的重中之重。

远远望去，井陉煤矿好像是一座大城市，到处灯火通明，火车拉着煤炭轰轰隆隆地向远处驶去。

杨成武看着远去的列车，心中暗想："今晚我就要切断你这条大吸血管！"他立即把 3 团团长邱蔚找来，对井陉煤矿的攻击重点进行了部署。主攻任务由 3 团的 1 营担任。

战斗打响后，营长赖庆尧率领战士们立即冲入矿区。他们首先切断了矿里的电源，靠夜幕掩护，战士们又拿出早已准备好的篮球皮内胆做的手套戴在手上，举起铡刀砍断电网，架上木板。全营战士通过木板翻过电网，分头向敌人的各个据点冲去。

1 营 4 连的任务，首先是攻打矿区的最高点——小土山，攻下小土山后再向井陉车站方向前进。小土山虽然不算高，但敌人在上面构筑了坚固的碉堡，居高临下，易守难攻。

4 连向小土山发起了几次进攻都遇到日军的顽强阻击。后来，2 排终于在枪林弹雨中打开了围在山坡上的铁丝网，战士们顺着这条通道冲上了小土山，消灭了碉堡里的敌人。紧接着，战士们又在交通壕里同敌人展开了激烈的争夺战。

▲八路军战士围攻井陉煤矿

4 连长韩金铭、通讯员杨仲山、卫生员小李和 4 班长等人冲进了山坡上的一个碉堡里，准备打扫战场。碉堡里一片漆黑，弥漫着呛人的硝烟。他们打开手电筒，只见地面上横七竖八地躺着好些鬼子的尸体。令人意想不到的是，其中还有一具身穿和服的年轻日本妇女的尸体。更使他们惊奇的是，在这具女尸的旁边，站立着一个有四五岁的日本小女孩。她目光呆滞，抬头看看冲进来的八路军战士，又低头看看满身血污的女尸，一声不吭。

韩金铭对大家说："同志们，在战斗中，这个日本小女孩是无辜的，我们有责任保护她的生命安全。小杨、小李，你俩保护好这个日本小女孩。"

几个人带着日本小女孩钻出了碉堡，又继续投入战斗。

这时，井陉车站方向的敌人向小土山展开猛烈攻击，很显然，鬼子是想夺回他们失去的阵地。

突然，卫生员小李中弹牺牲了，连长韩金铭对杨仲山大声喊道："小杨，马上把日本小女孩送到营部去！"杨仲山立即抱起日本小女孩，沿着交通壕，深一脚浅一脚地往山下走。

下山的路很滑，杨仲山不得不弯曲着身子，一只手抓着树根草皮，另一只手抱着日本小女孩，缓慢地向下移动。好不容易来到了山下，走上了通往营部的大道，杨仲山刚刚松了一口气。突然迎面传来了激烈的枪声，子弹从他的头顶呼啸而过，同时又传来了鬼子兵哇哩哇哩的喊叫声。面对紧急情况，杨仲山连忙抱起日本小女孩，一头钻进了路旁的高粱地。

原来，驻扎在井陉煤矿的一部分日军，昨天下乡"清剿"去了。现在听说煤矿遭到八路军的袭击，连忙往回赶，企图支援煤矿的日军，正好与杨仲山前方埋伏的八路军相遇。

不一会儿，枪声渐渐停息了，天就要亮了。杨仲山领着日本小女孩，在一块土坎上坐下来休息。

杨仲山看着疲惫不堪的小女孩有些发困，怕她着凉，便脱下自己的外衣披在她的身上，并揪下高粱叶子为她驱赶蚊虫。过了一会儿，杨仲山又拿出干粮给日本小女孩吃。开始，小女孩摇摇头，不肯接过去。杨仲山只好先咬了一口，嚼了起来。日本小女孩这才接过干粮，吃了几口，但看起来是难以下咽。

他们终于在太阳升起之后到达了营部。杨仲山把日本小女孩交给了营长赖庆尧和营部的李军医，便又赶回了4连。

后来人们才知道，日本小女孩的父亲叫加藤清利，是日军占领下的井陉车站的副站长。她就住在小土山前几十米、火车站旁的一座三合院的平房里。战斗打响后，小女孩的父亲加藤清利说是要到矿上去，从家里跑了出去；小女孩跟随着她的母亲加藤麻津，跑到了小土山上，躲进了钢筋水泥构筑的并有日军士兵防守的碉堡里，她们以为这里最安全。但是没有想到，坚固的碉堡并没有能够挽救小女孩母亲的生命，加藤麻津被流弹击中；她的丈夫也因矿井起火而受了重伤，终因伤势过重，经八路军抢救无效也死去了。

就在4连救获日本小女孩的同时，3连也救了一个日本小女孩，据说也是加藤麻津家的。只是这个小女孩年龄更小，还受了伤。3连也把这个小女孩送到了营部。赖庆尧立即命令几个战士把这两个日本小女孩送到军分区卫生部救治，并要求他们把情况向军分区司令员杨成武汇报。

经过一夜的激战，到21日黎明，日伪守军被全部歼灭。我军工兵炸毁了井陉矿内的蓄水池、绞车房、电机房、火车站、铁路桥，拆毁了全部铁道，又架起枕木，把拆下来的铁轨也烧毁了。

3团攻占井陉煤矿后，杨成武立即向聂荣臻作了汇报，并汇报了战士们在井陉新矿内救出两个日本小女孩，以及孩子的母亲已经死亡，父亲因伤势过重抢救无效也已死亡的情况。

聂荣臻命令杨成武："立刻把孩子送到指挥所来。"

驻守在石家庄的日军第 8 独立混成旅团旅团长水原义重少将，20 日夜突然接到报告，正定至石家庄铁路段遭到八路军的袭击，而且后果非常严重。他听到这个消息后，心情非常复杂，沮丧、失望和懊恼交织在一起。

从 1940 年初开始，他就把全部的精力都放在了对铁路的戒备上，他在铁路沿线村庄设立了铁路"爱护村"，对这些村庄实行分工负责制，并规定了严格的赏罚办法。在这些规定执行之后，创连续七个月无事故的纪录，水原义重甚至感到自己很有希望成为旅团长中少有的几个中将之一。可是现在，一个电话就打破了他苦心经营的治安秩序：

正太路的小铁桥遭到袭击。

获鹿、微水镇之间的铁路被炸。

石家庄以西的电话不通。

井陉又遭到共军的攻击。

……

"立即向师团长饭沼守中将报告！""立即组织兵力向微水增援！"水原义重声嘶力竭地这样命令着，但心里想的却是：完了，一切都前功尽弃了！

美穗子再生

8 月21 日上午，两匹快马风驰电掣般地来到了晋察冀军区聂荣臻的指挥所。马背上，是杨成武的警卫员和一个战士，他们的身上各背着一个孩子。

他们跳下马来的时候，聂荣臻和军区副参谋长唐延杰已经等候在门外了。

聂荣臻高兴地问了问他们关于杨成武部队的情况，接着询问起救日本小女孩的经过。他先抱起那个最小的日本小孩。

这是一个女婴，安详地睡着。她的伤势虽然很重，但伤口包扎得很好。聂荣臻满意地把她交给医生和警卫人员，并嘱咐他们好好护理这个孩子，看看附近村里有没有正在哺乳的妇女，赶快给孩子喂喂奶。

聂荣臻又拉住大一点日本女孩的手。这个孩子有五六岁，瞪着一双大眼睛，眼神里有几分惊慌和恐惧。聂荣臻伸出手摸了摸她的头说：“别怕。”随后，又拿来梨给她吃。她摇了摇头，不肯吃。聂荣臻明白了，让警卫员用水把梨冲洗干净，又递给她，小女孩这才接了过去。聂荣臻笑道：“小家伙很讲卫生哟!”大家一齐笑了起来。

聂荣臻叫炊事员赶快去煮了一盆稀饭，让警卫员用小勺给孩子喂饭。

▲聂荣臻司令员与警卫员给日本小女孩喂饭

慢慢地，孩子已经不那么害怕了。聂荣臻问身边的翻译："她叫什么名字？"

小女孩叽里咕噜说了一句，翻译说："她说她叫兴子。"

聂荣臻笑着对大家说："对，这个名字差不多，像日本女孩子的名字。日本的女子很多都叫什么子什么子的。"

吃完了稀饭，小女孩对这个陌生的伯伯已经产生了亲近感，她拉着聂荣臻的马裤，寸步不离。聂荣臻走到哪里，她就跟到哪里。聂荣臻也很喜欢这个孩子，他拉着小女孩的手，让司令部的人为他俩拍了一张合影。

尽管战事非常繁忙，但聂荣臻的心里总惦记着那两个日本小女孩。他想，孩子是无辜的，应当很好地安置她们，要不然，我把她们养起来？可是如果养起来，激烈的战事不知何时能够结束。不仅边区的环境艰苦，敌人的扫荡又很频繁，而且部队经常需要转移，照顾两个小孩子，将有不少的困难。再说，两个孤苦伶仃的孩子失去了父母，留在异国他乡，将来也会给她们造成痛苦。送回去？她们的爸爸妈妈虽然死了，家里

▲聂荣臻司令员与被救的日本小女孩

总还会有亲戚朋友可以照应吧。想来想去，聂荣臻决定还是把她们送回去。只要孩子们能在日本找到自己的亲戚朋友，就一定会很好地生活下去。日军对自己人的孩子不会一点人情味也没有吧。

22日上午，聂荣臻终于抽出空来，提笔给驻守在石家庄的日军独立混成第8旅团司令部写了一封信。

日本军官长士兵诸君：

日阀横暴，侵我中华，战争延绵于兹四年矣。中日两国人民死伤残废者不知凡几，辗转流离者，又不知凡几。此种惨痛事件，其责任应完全由日阀负之。

此次我军进击正太线，收复东王舍，带来日本弱女二人。其母不幸死于炮火中，其父于矿井着火时受重伤，经我救治无效，不幸殒命，余此伶仃孤苦之幼女。一女仅五六龄，一女尚在襁褓中，彷徨无依，情殊可悯。经我收容抚育后，兹特着人送还，请转交其亲属抚养，幸勿使彼辈无辜孤女沦落异域，葬身沟壑而后已。

中日两国人民本无仇怨，不图日阀专政，逞其凶毒，内则横征暴敛，外则制造战争，致使日本人民起居不安，生活困难，背井离乡，触冒烽火，寡人之妻，孤人之子，独人父母。

对于中国和平居民，则更肆行烧杀淫掠，惨无人道，死伤流亡，痛剧创深。此实中日两大民族空前之浩劫，日阀之万恶罪行也。

但中国人民绝不以日本士兵及人民为仇敌，所以坚持抗战，誓死抗日者，迫于日阀侵略而自卫耳。而侵略中国亦非日本士兵及人民之志愿，亦不过为日阀胁从耳。为今之计，中日两国之士兵及人民应携起手来，立即反对与消灭此种罪恶战争，打倒日本军阀财阀，以争取两大民族真正的解放自由与幸福。否则中国人民固将更增艰苦，而君辈前途将亦不堪设想矣。

我八路军本国际主义之精神，至仁至义，有始有终，必当为中华民族之生存与人类之永久和平而奋斗到底，必当与野蛮横暴之日阀血战到底，深望君等幡然觉醒，与中国士兵人民齐心合力，共谋解放，则日本幸甚，中国亦幸甚。

专此即颂

安好

聂荣臻
八月二十二日①

---

① 聂荣臻：《聂荣臻回忆录》，解放军出版社 2007 年版，第 406—407 页。

　　信写好后，聂荣臻找了一个可靠的老乡，准备了一副扁担。那时候，扁担要算太行山区最好的交通工具了，翻山越岭，不怕颠簸。聂荣臻和指挥所的几个同志，担心孩子在路上哭，还在筐里放了许多梨。老乡用扁担筐挑着两个孩子，拿着信，把孩子送到了驻石家庄的日军那里。

▲聂荣臻司令员为日本小姑娘送行

　　对于写这封信的原因，聂荣臻元帅后来在回忆录里说：

　　为什么写这样一封信？我是这样考虑的：我们进行抗日战争，这中间不只是打仗的问题，还要注意不失时机地对敌军进行政治工作。这一点非常重要，它涉及到军心的问题。就是将来不论同任何侵略军作战，都不能忽视这项工作。在战争中间，如果你拿着枪同我们打，那我们绝不客气；但是，一旦解除了你的武装，我们就坚决执行'宽待俘虏'的政策。

当然，这两个小孩子，根本不同于解除武装的俘虏。小孩子是战争的受害者。我们八路军绝不搞日本侵略军那一套。日本法西斯推行杀光、烧光、抢光的"三光"政策，不知杀害了我们多少无辜的群众，孩子、婴儿也不能幸免。惨无人道到了极点。我们共产党领导的八路军，实行革命的人道主义，对被俘士兵我们绝不伤害，对日本人民我们不仅不伤害，还要尽最大力量给予爱护和照顾。

我写的这封信没有加封，不管你高级军官理不理，反正要经过你下层人员的传递，他们总可以看到。这些下层人员同军阀、战犯是不同的，好多人是强征来的工人、农民。我记得，晋察冀军区俘虏过一个叫中西的日本兵，他被俘后要求留在我们这里。我同他谈过话。我问他，你不回去，想做些什么呢？他说，随便分配他做点什么工作都行。那个时候，我们部队还缺乏使用日本掷弹筒的经验，缴获的大批掷弹筒，不能及时用上，中西就担任了这方面的教官，教八路军战士使用掷弹筒。后来，被俘日军士兵愿意留下的越来越多，他们就组成了一个"反战同盟"支部。这些人在我方多数表现很好，很能吃苦，作战勇敢，没发现有逃跑的。日本帝国主义投降以后，这些人回到日本，不少人参加了日本共产党。所以说，日军中间，并不是不可以做工作的，应该大力地开展工作。

我们将两个小女孩送交日军后，他们还回了信，说八路军这样做，他们很感谢。①

---

① 聂荣臻：《聂荣臻回忆录》，解放军出版社2007年版，第407—408页。

　　自从送走两个日本小女孩后，聂荣臻还常常为她们担心，心里总是想着在那兵荒马乱的战争年代里，她们是否安全回国了，她们能否继续生活下去。

　　1980 年 5 月 29 日，《人民日报》发表了姚远方写的《日本小姑娘，你在哪里?》的文章，并配发了当年聂荣臻元帅与日本小姑娘合影的几幅照片。第二天，日本的《读卖新闻》以《战火里救出孤儿，聂将军 40 年后呼唤兴子姐妹》为题，全文转载了姚远方的文章，在日本和中国都引起了很大反响。

　　日本《读卖新闻》的记者经过认真仔细地查找，终于确定了居住在九州的美穗子正是当年那个大一点的日本小姑娘。美穗子已经是三个孩子的母亲了，与丈夫经营着一家小杂货铺。

　　当记者找到美穗子进行采访时，美穗子果然还记得当年的情形。

　　有个记者拿着一张《人民日报》问美穗子："你知道当时救你的这位中国高级军人是谁吗?"

　　美穗子摇摇头说："不知道。"

　　记者说："他就是当年晋察冀军区司令员，中国人民解放军元帅聂荣臻。这么多年，他一直惦记着你们呢。你看，他一直保存着跟你合拍的照片。"

　　美穗子接过报纸，看到上面的几幅照片，一幅是聂荣臻拉着她的手在院子里照的，一幅是送她们去石家庄前，她和妹妹坐在扁担筐里照的，美穗子激动得哭了起来。

　　得知美穗子还活着的消息后，聂荣臻也非常高兴，他当即写信邀请美穗子访华。

　　美穗子一家于 1980 年 7 月 10 日应邀来到了中国。14 日，聂荣臻在人民大会堂接见了他们。

见到聂荣臻，美穗子激动得连连说："谢谢您当年的救命之恩。"

聂荣臻拉着美穗子的手，动情地说："这件事，不只是我一个人会这样做，我们的军队，不论谁，遇到这样的事情，同样都会这样做的，这是我们的政策，是我们军队的无产阶级性质所决定的。"

▲1980 年 7 月 14 日，聂荣臻在北京人民大会堂亲切
会见美穗子，美穗子向聂荣臻表示感谢。

聂荣臻又问："你的妹妹当时受了伤，我们的军医还为她包扎了伤口，她现在怎么样了？"

美穗子说，她妹妹叫美镏子，因为当时年龄太小，又有伤，送到日军那里后不久就死在石家庄的医院里了。

聂荣臻又问："你原来不是叫兴子吗，怎么现在又叫美穗子了呢？"

美穗子回答说："当时我还小，不知道您在问我什么，只是一个劲地说妈妈死了。在日语中，'兴子'的发音和'死了'的发音相近，所以翻译听成兴子了，其实我叫美穗子。"

"哦，原来是这样。"聂荣臻高兴得笑了。

美穗子赠送给聂荣臻一件精美的工艺品作为礼物，并转交了北海道渔民托她带来的一盒干贝，表达对中国人民的祝愿。美穗子真诚地对聂荣臻说，当年参加过正太路作战的日本军人再三向她表示，他们对不起中国人民，非常抱歉。

聂荣臻送给美穗子一幅高达三米的中国画《岁寒三友》，以象征中日两国人民的友谊经得起考验。聂荣臻说："让我们化干戈为玉帛吧，日本民族是勤劳智慧的民族，愿中日两国人民世世代代友好下去，永不兵戎相见。"

美穗子访问中国这件事在日本引起了轰动，那些参加过侵华战争的日本军人，得知这件事情的来龙去脉后都非常感慨。他们说，八路军拯救日本小姑娘这件事，更使他们认识到侵华战争的罪恶，他们在表示道歉和感谢的同时，热情赞扬了八路军的革命人道主义。

2005年，杨仲山在北京也见到了美穗子。

杨仲山就是在1940年8月20日夜里，把美穗子从井陉煤矿东王舍新矿一个碉堡里救出来的当时晋察冀军区3团1营4连的通讯员。那一年，杨仲山才17岁。

杨仲山后来也是在《人民日报》上看到了姚远方写的《日本小姑娘，你在哪里?》的文章，看到聂司令员与日本小姑娘的照片，心想："这不是我在40年前百团大战中救的那个日本小女孩吗!"

经过几年的辗转，他才与美穗子联系上。

2005年8月24日晚8时，杨仲山在北京国际饭店二层邀月厅终于见到了美穗子。杨仲山这时82岁，他眼神不好，耳背，行走不便。当他在家人的搀扶下，缓缓步入厅内时，美穗子已经捧着大束黄玫瑰等候在大厅门口。

相隔65年的握手，双方都很激动。杨仲山讲起当年救美穗子的情景时，美穗子的眼眶红了，小声抽泣起来，不停地用手绢擦拭眼泪。

与美穗子同行的还有20位来自日本的老人，其中一位便是日中友好协会副会长来住新平先生，这次的会面就是在他的努力下促成的。

▲2005年8月，美穗子和当年的救命恩人杨仲山在北京相聚。（2014年11月19日作者摄于百团大战纪念馆。）

浴血狮脑山

1940 年 7 月 22 日，在八路军总部下达《战役预备命令》的当天，129 师也立即下达了《一二九师正太战役作战命令》和《我师决集大军进行正太战役》的命令。

命令要求本师共八个团参加此次破击战。其中，陈赓指挥386 旅的 772 团、16 团及决死第一纵队两个团；陈锡联、谢富治指挥 385 旅的 769 团、13 团和新编第 10 旅的 28 团、30 团为破击主力。其余各团做好策应。

命令明确本次战役的重点在娘子关以西寿阳以东之线，而尤以娘子关到平定段为重中之重。

命令要求各参战部队应注意休养体力，加强军事教育，在休养之十天内每人准加五分菜金。

命令明确要做好战役的准备工作。如部队的给养，129 师15000 人要准备 25 天的粮食；野战医院、破路的工人及工具、炸药，宣传工作及宣传品的准备，注意鞋子、干粮袋的准备，尤其要做好保密工作，秘密电文要阅后即烧毁。

为了把准备工作做细、做充分，刘伯承、邓小平多次要求相关人员，应把困难想得多一点，把工作考虑得更周到一些，并提醒他们，准备工作要特别突出侦察、防谍和技术战术三个方面。

侦察不仅要广泛收集整理情报和有关材料，通过游击队、自卫队等监视敌人的行动，而且必须组织各级首长、司令部机关实地勘察，确实掌握部队攻击目标的地形和敌情，增加胜利的把握。

防谍要加以十二分的注意，战役企图绝对不能过早暴露。作战计划要严格按级传达，部队集结、开进要适时，尽量采取夜间行动。在一般居民中散布我军将南下对付国民党顽固派的消息，以迷惑敌人。

技术战术要组织一些应急训练，熟练武器、工具的使用，搞好步兵、炮兵的协同。

同时，刘伯承、邓小平也就作战指导思想给各部队下发指示，要求所有干部、战士要认识到破击正太铁路在整个华北对敌斗争中的重要性，扭转存在于部分干部当中的破击铁路不如打据点光彩的情绪，将思想真正一致地投入到正太铁路的破击战中去。

8月18日，129师在山西和顺县石拐镇又召开了战前会议。

刘伯承讲道，这次正太路破袭战役，我师与晋察冀军区共同进行。他们在东段，我们在西段，以阳泉为界。我们准备投入八到十个团的兵力，其他部队已分布在平汉、白晋、同蒲诸线，广泛破路袭击，以策应正太路的战斗。请大家把师部发的晋东南情报图打开，由李达参谋长介绍敌情和说明我们师的任务。

李达指着地图说道：我师当面之敌为片山省太郎的第4独立混成旅团所辖的四个步兵大队，并各附骑兵、炮兵、工兵、辎重兵及通信兵。分布于正太路阳泉段的是敌第十五大队，另有三个大队以阳泉为中心，向铁路南北延伸。西北面的盂县是敌十二大队,南面的昔阳、和顺两县是敌十三大队,辽县、榆社是敌十四大队。

另外,守备同蒲路北段的日军第9旅团所属吉野大队,分布于榆次、太谷、徐沟及其附近地区。据我们判断,我军开始破击后,片山旅团的铁路沿线部队将会以火车转移其预备队,加强各据点战斗力,日本空军也会有一部参战,日军深入平辽的部队,也会抽兵由平和段进击我右侧背,驻守同蒲路的吉野大队,也有可能调兵经长凝袭击我左侧背。

刘伯承接着进行战役部署。基于以上估计,我们的作战纲领是:

第一,主要是对正太路阳泉及榆次段的铁路和建筑物进行连日的彻底破毁。

第二,各破击队为了保障铁路确实被毁,应兼用专门的便衣队或有力部队,突然潜入或袭击铁路、公路上的必要据点,破毁其要害,烧毁其建筑物。对于路侧远伸的据点,只用少数部队监视,不要强攻,也不要恋战。

第三,当片山部队由阳泉、平辽公路向我右侧背迂回时,就将其各个歼灭,保证我破路顺利进行,造成收复辽县、榆社的基本条件。对榆次方面的来援之敌则进行牵制。

我和邓政委决定把部队分成三个纵队,中央纵队以385旅的769团、14团和386旅的772团组成,由陈赓、陈锡联指挥,以一部兵力攻占冶西日军据点,牵制平定之敌;以一部兵力占领阳泉西南的狮脑山,牵制阳泉之敌。右翼纵队由范子侠、赖际发指挥,带两个团担负阳泉、寿阳之间的破袭任务,成功后向西扩大成果。左翼纵队由周希汉指挥,带领386旅的16团和决死一纵的25团、38团,担负寿阳至榆次间的破袭任务。

本次战役，各部要严格执行命令，一定要坚决攻下任务范围内的车站与据点；一定要遵守统一的时间，密切协同配合；一定要彻底破坏正太路！有的据点敌人守备甚严，一定要讲求战术，不要啃核桃，而是要一个一个砸核桃！说到这里，刘伯承紧握着右拳猛地砸在了桌子上面。

刘伯承讲完后，邓小平强调了这次作战的有利条件和应注意的事项。他特别强调，参战的地方武装和民兵、群众很多，要派得力的干部去组织带领，要注意保证他们的安全。他要求各纵队领导要把任务向部队交代清楚，进一步做深入的动员。

正太铁路从石家庄的正定往西，一路蜿蜒到阳泉，这一段山势较为平缓。但是一过阳泉，则山势起伏连绵，陡峭险峻。

在阳泉西南四公里处，就是阳泉的制高点——狮脑山。正太铁路正好从狮脑山脚下经过，因此可以说，狮脑山是正太铁路进入山区的"咽喉"部位。控制了狮脑山，就等于卡住了正太路的脖子，既可以防止日军由平定、辽县一线抽调兵力西援正太路，又可以堵住阳泉日军抽兵解救正太路西段被各个击破的分散据点，同时也可造成对阳泉城直接的威胁，使日军不敢过分分身。

正是由于狮脑山的重要性，刘伯承、邓小平果断地将129师的两个主战旅之一的385旅的主要力量安排在狮脑山一线，并由旅长陈锡联亲自指挥。

出发前，刘伯承、邓小平反复向陈锡联交代，战役的成果要看破坏多少铁路而定，而破路的多少又取决于狮脑山一线能够有效地阻止日军多少天。

刘、邓首长要求最少要坚持五到七天。

8月20日凌晨，经过一夜的急行军，385旅主力第769团和第14团的大部，秘密地登上了狮脑山，陈锡联率领的385

旅旅部的指挥人员也将指挥部驻扎在了狮脑山上。

陈锡联知道，即将到来将是一场恶战。敌人为夺取狮脑山肯定会不惜一切代价，因此不能有丝毫的大意。他要求部队立即投入到临战的准备工作中，在黎明前趁着黑暗将工事修筑好。

整整一个白天，狮脑山上静悄悄的，战士们抓紧时间休息，养足精神，等待着夜晚的来临。

8 月 20 日晚，驻阳泉的日军第 4 独立混成旅旅团长片山省太郎中将刚刚洗漱完毕，电话铃声就急促地响了起来。片山拿起电话，原来是驻守在阳泉的独立步兵第十五大队大队长德江光中佐打来的。片山这几天得到情报，说在阳泉一带发现八路军活动，所以他要求德江光加强对阳泉城的警备，而且每天都要向他汇报一次情况。

片山向电话里问道："今天有什么情况没有？"

"报告，下午接到报告，在阳泉以南 80 公里处发现有共军 2000 余人。"

片山想了一下，觉得这股共军即使来袭，徒步行军也要两天的时间，还不算太着急，于是就对德江光说："注意监视，有情况马上向我报告。"说完，片山就放下了电话，准备早点休息。

他刚要躺下睡觉，就听到门外声嘶力竭的声音："报告！"还没等他回答，人已经急匆匆地闯了进来。

片山满脸怒气，原来是旅团参谋土田兵吾中佐，只见他喘着粗气，一看就知道是跑着来的。

"什么事把你急成这个样子？"片山不高兴地问。

土田上气不接下气地答道："大事不好。娘子关的池田龟市中尉打来电话，他们那里遭到八路军上千人的攻击，情况很危急。寿阳也打来电话说他们那里也受到八路的攻击。还有，刚才我听到阳泉城街上也有零星枪声，据说已经有小股八路军混进城里来了。"

片山骂道："德江光这个饭桶，情报大大的不准确，你马上回旅团部，加强阳泉城的警戒！"

土田参谋答应一声，扭头就往外走。他一头钻进汽车里，向着司令部的方向急驰而去。

路上，土田的汽车差一点遭到八路军的袭击。他到达司令部后，立即向驻守在阳泉的直属部队发出了关于加强警备的指示。

他本想再跟寿阳和娘子关联系一下，但电话都被切断了。

这一晚，片山的好梦没有做成，他一直在生德江光的气。他想，德江光连这点事也处理不好，竟然让八路钻了空子。可是，八路军的速度也太快了，傍晚时德江光还说八路离这里有80公里。80公里徒步行进，至少也需要两天的时间，为什么现在已经到了跟前了呢？会不会是小股的游击队进行的临时性骚扰？

今天白天阳泉城里的情况就不正常，街市上的人比平时明显减少，竟然没有引起重视，德江光严重失职。现在，阳泉城里的枪炮声都听得清清楚楚了，中间好像还夹杂着人们的呼喊声。

片山省太郎这时还不知道，这激烈的枪声和喊声是从东北方向约1000米之外的大桥附近传来的，这座大桥很快就要被八路军炸毁了。

片山省太郎忽然想到应该迅速加强狮脑山守军的力量，因为那里是阳泉城的制高点，关系到阳泉的安危存亡。

想到这里，片山又笑了，他站起身来，边走边自言自语地说："量几个土八路能翻起多大的浪。大日本皇军只要守住狮脑山，土八路就会被统统地消灭。"

但八路军早已了解到，阳泉城内的日军主力大部分都下乡清剿去了，城中只剩下日军第4独立混成旅旅团部大约30人，第十五大队队部约50人，8月19日又从太原开来了由中岛指挥的山炮中队400余人，辎重兵中队约有100人，连同工兵及伪军50多人，共计有700来人。

陈锡联指示部队，这将是我们和片山的第一次较量，一定要让他知道我们的厉害。等敌人靠近了再打，要出其不意，攻其不备，把片山打疼，打得他轻易不敢出来。

当片山省太郎得知狮脑山已经被共军占领后，气急败坏，也深感事态的严重。因为阳泉东西一线都是第4独立混成旅团的主要防守地带，现在八路军扼守住了狮脑山，就等于掐住了日军的脖子，所辖的大部分防区就会失去控制。他不得不将这一情况向太原第一军司令官筱冢义男中将报告。筱冢义男听后十分震怒，立即命令他要不惜一切代价夺回狮脑山，保证正太路的畅通。

21日上午，片山开始组织日军向狮脑山发起反扑，他亲自督战，不惜一切代价夺回狮脑山。

经过两个小时的连续战斗，日军被八路军打下来几次，片山这才感觉到山上的共军绝不是普通的游击队，很可能是八路军的正规部队。于是，他决定赶紧收兵，回阳泉重整人马。

下午，片山又带领中岛的炮兵中队，从右侧经西峪掌村向狮脑山迂回进攻。

这时，旅长陈锡联和政治部主任卢仁灿等人正好在这一带察看地形。他们发现敌人正从右侧迂回进攻时，陈锡联立即命令769团的3营从正面反击，同时命令该团的1营和14团3营的两个连分别从左、右两侧夹击日军。

不知是什么时候，天开始下起了大雨，埋伏在工事里的战士们在泥水里端着枪，注视着正在向山上爬来的日军。

敌人越来越近了，100 米、50 米、30 米……当战士们刚刚看清鬼子士兵的脸的时候，一排排子弹，一颗颗手榴弹飞向了敌人，枪声、炮声、手榴弹爆炸声响彻了整个狮脑山的上空。

▲ 狮脑山上八路军的机枪阵地

一批敌人被打退，又一批敌人涌了上来。日军士兵在督战队的威逼下，发疯似地向山上冲来。

枪声、爆炸声在狮脑山上响了三个多小时了，1 营的伤亡很大，火力逐渐减弱。向山上进攻的日军似乎也发现了这种变化，他们更加猛烈地向山上冲去。

这时，正在指挥所里指挥战斗的卢仁灿大喊一声"机枪手，跟我来！"就冲向了 1 营的阵地。子弹从他的耳边呼啸而过，卢仁灿全然没有理会，同机枪手们奋力向前冲去。

就在距离阵地只有十几米的地方，一颗子弹击中了卢仁灿的右肩，他顿时摔倒在地，但他仍然大喊着："别管我，赶快进入阵地，把敌人打下去！"

机枪手们冲进了1营的阵地，他们端着机枪，一边大喊着，一边向鬼子猛烈扫射。很快，机枪的枪管就被打得发红，敌人随即连滚带爬，狼狈地逃回了阳泉。

经过两次战斗，片山觉得，单凭剩下的这几百人，难以夺回狮脑山，更无法完成保护正太路西段的任务。要完成任务，必须另想办法。

他忽然想到了阳泉城里的500多日本侨民。这些日侨，大部分是来发战争财的，有的刚刚发了些财，正准备返回日本。这些侨民大都受过正规的军事训练，军事素质比较高。现在只有把他们组织起来，到狮脑山去拼一死战了！于是，片山立即下达了集合日侨的命令。

阳泉城里的日侨一听到要被集合起来去打仗，都感到惶惶不可终日，有的穿上自己最好的衣服，有的写好了遗书，一副准备就难的样子。

22日凌晨，片山把剩下的日军、日侨和伪军全部组织起来，再一次向狮脑山发起了攻击。这一次，片山接受了前两次失败的教训，采取了经燕子沟向狮脑山东北高地迂回的战术。为防备八路军的伏击和侧击，片山用火力掩护、控制要点、逐步前进的战术，向防守狮脑山东北高地的14团2营的阵地发起了攻击。

经过一天的激战，片山仍然没有达到目的，狮脑山仍然掌握在八路军手里。而且，他接连得到一个又一个战败的消息：

正太路西段又有好几座桥梁被炸。

几十公里的铁路已经被毁。

几千米的电线又被割断……

屡战屡败的片山，恼羞成怒，他枪毙了两个退缩不前的日侨，给进攻的日军下达了死命令——如果拿不下狮脑山，统统死啦死啦地！

23、24 日两天，片山带领着阳泉的日军再一次倾巢而出。这次，他不仅靠地面炮火的支援，而且还请求日本空军火力掩护。

飞机一次次地俯冲，炸弹的气浪把地上的石子、尘土和树枝统统掀到了天上，然后又如下雨似的，哗哗地从天上落了下来。

负责观察敌情的八路军战士发现，敌人飞机投下来的炸弹有一些并没有爆炸，而是落在地上咝咝地冒着烟，这些烟气使人头晕、恶心。他迅速把敌人投放毒气弹的情况报告给了旅部。

陈锡联立即命令各营，将毛巾沾湿，捂在嘴上，迅速做好防毒准备。

几年来，在同鬼子的战斗中，战士们已经同敌人的毒气弹打过多次交道，也积累了一定的防毒气经验。除了用湿毛巾捂住嘴以外，战士们还发明了一些土办法来对付敌人的毒气弹。比如，他们把手榴弹扔向正在散发毒气的毒气弹，用手榴弹爆炸产生的气浪驱散毒气，这个办法防毒效果也比较好。

24 日下午，129 师师部来电，要求迅速扩大破袭敌人交通的战果。

25 日，385 旅除留下 14 团的两个营和 769 团的 6 连继续扼守狮脑山、西峪掌等阵地外，主力迅速向正太铁路进发，全力以赴执行破路任务。

26 日拂晓，日军向狮脑山再次发动攻击，我留守部队同敌人又周旋了七个多小时后，奉命主动撤离了狮脑山。三个小时后，日军才完全占领了狮脑山。

狮脑山一战，日军第 4 独立混成旅团被八路军打得一败涂地、焦头烂额，片山省太郎也饱尝了八路军铁拳的滋味！

▲百团大战中八路军血战固守狮脑山的捷报（2014 年 11 月 19 日作者摄于百团大战纪念馆。）

火攻芦家庄

8月18日，129师在和顺县石拐镇召开战前会议，刘伯承在会上说，根据陈赓同志的建议，决定左翼纵队由周希汉负责指挥。

没有任何思想准备的周希汉当时一愣，因为他只是386旅的参谋长，还没有在大的战役当中独当一面的经历。

邓小平问周希汉，左翼纵队这次没有配备政委，也没有配备参谋长和政治部主任，都由你一个人兼任，行不行啊？

周希汉马上就明白了，这是刘、邓首长和旅长陈赓对自己的信任和考验。于是，他马上回答说，行！坚决完成任务！

从寿阳到榆次的破袭任务，是129师确定的左翼纵队所负责的。周希汉带领386旅的16团和决死一纵的25团、38团，按时间要求赶到了这一段。

这一段从东到西主要有马首、和尚足、上湖、芦家庄等车站和敌据点。铁路将这些车站和据点紧紧连接在一起，各个据点又成一条线状护卫着铁路。

芦家庄是一个只有50多户人家的小村庄，村南有一条东西流向的小河，雨季时河水湍急。村东是芦家庄火车站。在马首、和尚足、上湖和芦家庄四个车站里，芦家庄车站是最大的一个，也是日军在这一段最大的一个据点。站内驻扎着日军第

14 独立混成旅团第十四步兵大队的吉冈中队。车站旁边的山脚下，有日军修建的汽油库、火药库和兵站。这里是附近几个车站敌兵的补给站，也是附近几个车站敌人的指挥中心。日军还在芦家庄车站的四周修筑了四个碉堡，碉堡外有壕沟和通电的铁丝网。

在芦家庄车站的东北，是上湖、和尚足两个车站，再过去一点，就是马首车站。这几个车站比芦家庄车站稍小些，但也属于寿阳到榆次之间比较大的站。这些地方均有日军重兵把守。尤其是马首车站，离寿阳只有 20 来里路，寿阳城里驻扎着日军第十四大队的大队部。因此，攻打马首车站动作必须要快。

经过周密侦察，周希汉决定，16 团攻打芦家庄车站，并以小部队向榆次方向佯攻，牵制敌人；25 团攻打马首车站，并派出小部队牵制寿阳县城的敌人；38 团攻打上湖车站，并攻占下湖、和尚足两个敌据点。

16 团团长谢家庆根据侦察结果，决定以五个连配机关炮一门，袭击并夺取芦家庄；同时派出两个连及一部分工兵向榆次方向运动，监视和牵制榆次方向的敌人，并负责炸掉芦家庄到榆次之间的铁路大桥。另有一个连向北游动警戒，保护侧翼，再以四个连为预备队。

谢家庆将五个连部署在芦家庄车站的南北两个方向，构成对车站的钳形攻势。

8 月 20 日夜，攻击发起后，北边的两个连越过小河，向芦家庄车站以北的两个碉堡发起了攻击。碉堡攻下后，又继续夺取了芦家庄，并由西向东攻击芦家庄车站。

南边的三个连向车站南面的碉堡发起攻击。当冲到铁丝网前时，八路军的一个战士猛冲上去，把一根铁丝的一头钉入地下，另一头绑上一块石头，扔向铁丝网。

这个办法是对付鬼子电网行之有效的土办法。把铁丝的一头钉入地下，把另一头搭在电网上，是把电网和大地连接在了一起，等于给电网接了根地线，这时候再用铡刀砍电网，就比较安全了。

南北两边的碉堡攻破后，16 团的战士们开始向芦家庄车站发起了冲击。顿时，喊杀声、枪炮声，震动了整个车站。

日军被八路军战士的威严吓倒，他们掉头逃跑，钻进了车站附近的一座高房子里负隅顽抗。

谢家庆一看，机会来了，他要让敌人尝尝火攻的滋味。他立即命令战士们向这座房子旁边的柴草堆投掷燃烧弹，火"呼"地一下子烧了起来。在浓烟与烈火当中，敌人终于坚持不住了，他们又退守到了火药库里。这时，谢家庆又指挥机关炮开始发挥威力了。猛烈的炮火，将敌弹药库引爆，到处是爆炸声，到处是火光，残敌只好又窜入一所小学校里继续顽抗。

与此同时，谢家庆派往榆次沿线的工兵们，在两个连战士的掩护下，接连炸毁了芦家庄至榆次间的六座铁路桥，将铁轨全部拆掉，并架上枕木烧毁。

芦家庄车站里的敌人被彻底消灭后，战士们又破坏了车站里的给水房、板道房、信号灯等全部设施，战斗胜利结束。

25 团在夺取马首车站时，由 1 营担任主攻。1 营以 1、3 两个连的兵力攻占敌人的三个碉堡，以 2 连攻占车站。

经过两个小时的激烈战斗，三个碉堡均被攻克，但据守在车站里的敌人，凭借站内高大的建筑物，负隅顽抗。

战斗一直持续到天亮，1 营又调派 3 连予以增援，这才攻克了马首车站。但仍有一部分敌人逃脱。

由于在联络上出现差错，38 团 2 营直到 21 日凌晨 3 时才开始攻打上湖车站，这时敌人已经有了准备。

上湖车站攻下来后，附近的一个碉堡却久攻不下。团长蔡爱卿亲自来到碉堡前，认真观察地形，总结经验教训，指挥 4 连 1 排的战士们，迅速冲到碉堡前，把捆成一捆的手榴弹塞进了碉堡里，一声巨响后，敌人死伤惨重，上湖车站这才被我军完全占领。

攻击和尚足车站的战斗一开始进行得并不顺利。正当 38 团 1 营的战士们以迅疾的动作接近敌碉堡时，被日军发现。1 营立即实施强攻。战士们砍断铁丝网，正要冲锋，却遭到敌人机枪火力的压制。一个战士趁敌人换子弹夹的机会，快步冲到碉堡前，把两颗燃烧弹从机枪眼儿里塞了进去。两声巨响，碉堡顿时飞上了天空，和尚足车站很快就被 38 团占领。

在这期间，范子侠指挥的右纵队，连续攻克了燕子沟、桑掌庄、辛庄、小庄等车站和据点。

破袭白晋路是 129 师决死第三纵队的任务。

白晋路从太原南边的白圭向东南方向到晋城，沿路有沁县、长治、高平等县，两侧还有榆社、辽县、武乡、襄垣、黎城、潞城、壶关、长子等名城。这一带是 129 师在太行根据地的心腹地带。

8 月 20 日晚，129 师决死第三纵队在司令员戎子和的带领下，猛攻沁县以北的漳源车站。经过激烈战斗，突破敌人三道铁丝网冲入车站，全歼守敌。

驻守在沁水县的日军得到消息后，立即赶来支援，又被该纵队杀退。沁县至漳源的铁路全部被拆除。

8 月 24 日，决死第三纵队又攻占了白晋路上的虎亭车站，并将附近的铁路全部拆毁。

▲八路军战士正在拆毁正太路桑掌至张净
间的铁路

　　至此，129 师负责的正太铁路西段，除阳泉、寿阳等少数
大站据点外，其余均被占领，设施也一并被破坏。

激战卷峪沟

8月21日清晨，在太原日军第一军司令部里，司令官筱冢义男中将正烦躁地在房间里走来走去，他和正太路上几个旅团的通讯联络已经中断一夜了。

正太路到底发生了什么事？日军司令部的参谋们到现在也还不清楚，这怎么能让他安静得下来呢！

筱冢义男将负责通讯和作战的参谋找来，大声地训斥道："在我的部队里发生这种事情是绝对不能允许的，限你们在两个小时内搞清楚正太线上到底发生了什么事情。"

正在这时，桌上的电话响了起来，筱冢义男迅速拿起了电话。他只听到里边说了半句："正太路到处遭到八路的袭击……"电话就再也没有声音了。他把话筒狠狠地摔在桌子上，喊道："有线无线完全不通，情况的不明！情况的不明！"

他虽然大发脾气，可是又没有办法，只好命令司令部的参谋朝枝繁春大尉与他一起坐飞机沿正太路进行空中侦察。当他在空中绕着正太铁路飞了一圈后，这才知道正太路上发生的情况。

回到太原后，筱冢义男马上召开紧急幕僚会议，准备部署增援部队。可是，通讯线路都被切断了，又下起了大雨，飞机也不能起飞。

　　无奈之中，筱冢义男只好派军部参谋泉莱三郎中佐和朝枝繁春共同率领一支包括卫生兵在内的混成小队，前往阳泉传达他的命令。同时，他又派驻扎太原的独立第9旅团向东北方向寻找八路军的主力部队。

　　泉莱三郎和朝枝繁春带领着这支小队向东出发，一路上寻隙潜行，还不时地与八路军的小部队碰上。他们携带着小炮、机枪、毒气等武器，火力配备较强，走了三天，好不容易到达了寿阳。在寿阳稍稍休整后，又走了四天，才到达了阳泉。这时，已经是8月29日了。

　　一路上，朝枝繁春看到的情景是：

　　石太线的各小据点（以分队为主）多数被共军全歼。在沿线制高点上已可以望见共军的哨兵。铁路枕木被烧，很多地方铁轨被拔走，铁路桥梁大部分被破坏或受到损害。铁路两旁村庄的居民，有的已逃亡，有的随八路军而去，家户一空。①

　　阳泉的片山省太郎接到泉莱三郎和朝枝繁春传达的筱冢义男的命令后，带领阳泉残敌，向马坊进发，准备与从太原出发的日军独立第9旅团合力夹击129师。

　　敌人的这一计划很快便被129师左翼纵队的周希汉察觉了。几天来，周希汉带领部队，一直驻守在芦家庄车站附近监视着敌人的动静，带领部队和群众对铁路进行破袭。经过几年与敌人的较量，周希汉已经摸透了鬼子的脾气：只要八路军在什么地方狠狠地打了它一下，鬼子总是要集中兵力在那个地方进行报复。

　　8月30日傍晚，周希汉得到情报，奉筱冢义男命令，日军

①　何理等选编：《百团大战史料》，人民出版社1984年版，第421页。

独立第9旅团的数千人马正在向马坊一带集结，有迹象表明他们是冲着刘、邓首长来的。于是，他迅速将情况向刘伯承、邓小平和陈赓进行了汇报，同时命令16团团长谢家庆带两个营，迅速占领距离芦家庄西南12公里、马坊以北的高坪阵地，以阻止敌人向侧后迂回，掩护群众、部队及师首长转移。

31日清晨，日军在飞机、大炮的掩护下，开始向高坪阵地发起了猛烈的进攻。

这时，刘、邓首长发来指示："应坚守高坪阵地，掩护破路群众有秩序地撤退后，你部应经松塔、马坊进至石拐以北地区，协同385旅消灭突进石拐之敌。"

当周希汉赶到高坪时，坚守高坪一带的部队已经处在敌人的三面包围之中。增援芦家庄的一部分敌人，正在向南企图攻击高坪阵地的右翼；向东南方向运动的敌人500余人，已占领高坪左后方的高家山，威胁着高坪阵地的左侧翼；自寿阳方向来的敌人千余人已占领河底村，正在从北向南对高坪阵地进行合围。

原计划左翼纵队在完成阻击任务后，经松塔、马坊地区，在石拐以北协同385旅消灭突进石拐之敌。现在看，日军的一部正要继续向129师后方迂回，妄图把129师围歼在松塔、马坊地区。

在这万分危急的时刻，周希汉面对三面受围的不利局面，立即命令25团阻击寿阳方面的敌人，掩护破路群众安全转移后，再进至松塔；又命令38团向16团靠拢，占领柳树坪、松凹一线高地，配合16团采用交替掩护、节节抗击的战术，阻止敌人前进，以保师主力右翼的安全。

战斗进行到9月1日傍晚，阻击任务终于完成。周希汉指挥26团、38团转移到了松塔东南13公里的上瑶岩、羊儿岭、红崖、上葫芦把一线高地。

到达这里时，他们发现左右两翼的两条山沟里火光一片，烟雾弥漫，人喊马嘶，搞不清哪是鬼子，哪是八路军。

周希汉心里着急，正准备派人下山侦察时，一个走错方向的八路军伤员被带到了这里，他告诉周希汉说："卫生部钱信忠部长带的伤员大队在左翼卷峪沟里。"

哦！原来卷峪沟里是师卫生部的伤员，那右翼肯定是敌人。现在，一个重要问题摆在周希汉的面前：是按照刘、邓首长的指示，配合385旅去歼灭突进石拐的敌人呢，还是立即就地保卫和掩护伤员呢？

周希汉立即召集16团团长谢家庆、政委陈悦常和38团团长蔡爱卿、政委刘有光在山顶的一棵大树下研究敌情。研究决定，38团迅速占领红崖一带的高地，16团占领羊儿岭和上瑶岩等高地，马上构筑工事，就地保卫和掩护伤员撤离！

两个团的战士刚刚进入阵地，500多敌人就在炮火的掩护下，分别向红崖和羊儿岭阵地猛冲了过来。特别是16团把守的羊儿岭阵地，受到敌人的猛烈冲击。由于敌众我寡，激战半小时后，羊儿岭阵地被敌人占领。

正在这时，几个人从卷峪沟方向气喘吁吁地跑上山来。周希汉一看，原来是刘、邓首长的警卫营长和几个战士。他们向周希汉传达首长的口头命令："要死守阵地，北方局、总部、师部首长们都在山下，没有命令不得撤退！"周希汉这才知道，左侧卷峪沟里不仅有我们的伤员，而且还有这么多的首脑机关也在沟里。

周希汉马上重新部署部队，准备夺回羊儿岭。他命令16团以两个连的兵力从上瑶岩向南出击，攻击羊儿岭敌人的左侧后背；38团以一个营的兵力，从红崖向北出击，攻击羊儿岭敌人的右翼；谢家庆带 16 团的四个连，分三路从正面向羊儿岭实施反击。

冲锋与反冲锋，攻击与反攻击，就这样在日军和八路军之间来来往往了十三次，中间不断夹杂着肉搏战。

八路军志在必得，日军则拼命死守。日军靠着施放毒气、飞机低空轰炸扫射，拼命抵抗；八路军则从各个方向、多次大批地连续冲锋，志在必得。双方都已毫无保留地拿出了自己最大的力量。这时似乎已经不仅仅是军事力量的较量了，更重要的是双方战斗意志的抗衡！

经过两个小时的激烈战斗，日军终于抵挡不住八路军勇士的勇猛冲击，从羊儿岭溃退下去。

占领羊儿岭后，周希汉立即命令大部分兵力撤出前沿阵地，迅速休整，只留下少部分在阵地上加紧构筑工事，准备迎接敌人疯狂的反扑。根据敌人每次冲锋都用飞机、大炮作掩护的特点，周希汉要求部队以三分之一的兵力坚守在前沿阵地，多数部队则疏散隐蔽到后面，作为后备兵力。这样，前沿的兵力少，在敌人的炮火下伤亡也就少，而且还能不断地得到后备兵力的补充，使一线阵地总能保持一定的有生力量。

八路军越战越勇，战斗从 9 月 2 日早上 6 时 30 分一直打到夜间 21 时 30 分，整整持续了十五个小时，共打死 300 多敌人。

21 时 30 分，周希汉接到刘、邓首长要其撤退的命令，便将部队转移到了集结地。

到达集结地后，由于连续几天没睡好觉，劳累过度，周希汉的双眼已经肿得很厉害了。他躺在床上刚闭上眼睛，忽然，参谋向福廷跑了进来，激动地对周希汉说："参谋长，首长们都来了！"

周希汉一翻身从床上爬了起来，惊奇地问向福廷："哪里来的首长?"

向福廷说:"你快去看看吧!"

周希汉急忙跑到门外边一看,哎呀!真想不到,北方局书记杨尚昆、十八集团军政治部主任罗瑞卿和副主任陆定一等首长来了。

罗瑞卿拉住周希汉的双手,高兴地说:"希汉呀,今天你们打得很坚决,很顽强!打得好哇!"

杨尚昆也接着说:"你们的任务完成得很好,保护了首脑机关的安全。我们是代表朱、彭首长和刘、邓首长来慰问你们的!"

千里卷狂飙

同蒲铁路是一条由北而南穿过山西省中部的交通大动脉，它与平汉铁路平行，连接正太铁路的东西两侧，就像"H"中左面的一竖。

按照1940年8月8日八路军总部发布的《战役行动命令》，120师必须牵制住同蒲铁路的日伪军，不让他们向东增援正太线上的日伪军，确保正太线交通大破袭的成功。

接到行动命令后，120师进行了紧张准备和部署工作。贺龙、关向应考虑到破袭平遥以北同蒲线困难较大，且难以奏效，随即提出以破击太原以北同蒲路和忻（县）静（乐）公路为重点的作战计划，经八路军总部批准后作了具体部署。

120师和晋西北新军的具体作战部署是：

以358旅破击忻县以北的同蒲铁路和忻（县）静（乐）公路，并协同独立第1旅715团相机逼退岚县及东村等据点敌人，收复岚县；独立第2旅破击宁武到朔县间的同蒲铁路；暂1师破击神池至五寨间公路，保障独立第2旅侧后安全与后方交通；715团围困岚县东村地区敌人，与358旅协同相机收复岚县、寨子、普明。独立第1旅2团以两个营进至峪口至屹洞公路，破坏公路并打击外出活动之敌；一个营位于中阳县三交镇，打击寺圪塔、石门塌敌人。决死第二、第四纵队和工卫旅、师特务团负责破击太（原）汾（阳）公路和汾（阳）离（石）公路。359 旅 717 团东渡黄河，在离石和军渡之间打击敌人。

8 月 20 日夜，120 师在贺龙、关向应的指挥下大破同蒲路。在北起内蒙古的大青山，南至吕离的汾离公路，西起黄河岸边，东至同蒲沿线的广大地区，同时发动了旋风般的攻击。

358 旅从娄烦镇迅速逼近静乐，决心首先攻占忻（县）静（乐）公路据点康家会。

康家会位于忻县至静乐的公路线上，靠近静乐，既是晋西北的一个重镇，也是日军在晋西北一个大的重要粮站，由日军独立混成旅第 9 旅团第 39 步兵大队守卫着。

358 旅旅长张宗逊的安排是：以 4 团 2 营袭占康家会据点，1、3 营设伏在炭窑沟和青龙庄之间，准备消灭石神可能增援之敌；716 团 3 营在石子堡、砚湾、圪台坪设伏；1 营在西梁沟以北设伏；2 营在砚湾设伏。

凌晨 3 时，张宗逊和 4 团 2 营包围了康家会。康家会的守敌还都在睡梦中。

正在这时，村口的土路上传来了马蹄的声响。走近了，大家才看清原来是敌人的两辆马车，车上堆着高高的麻袋。

"打吧，首长！"

张宗逊摆摆手，命令身边的参谋："你带一个排上去，抓活的，不许开枪！"

没用一袋烟的工夫，押车的六个伪军就被抓来了。一审问，才知道车上装的是粮食，是赶时间给日军送粮的。

不一会儿，粮车来到了东边的炮楼下，只听有人喊："太君，放吊桥，我们运粮食回来了。"

碉堡上的日军也不再盘问，就放下了吊桥，六个化装成伪军的八路军战士赶着马车进了炮楼院子。

战士们看时机已到，扔下了粮车，冲上了碉堡。一个大个子战士先用匕首结果了哨兵，其他的战士冲进了伪军睡觉的房子里，趁着敌人酣睡，先从架子上收了敌人的枪械，紧接着，大喊一声："统统起来，缴枪不杀!"这些伪军就这样稀里糊涂地当了八路军的俘虏。

谁知就在战士们押着伪军出来的时候，被一个刚从厕所回来的鬼子看见了。他正是鬼子小队长，他抽出手枪，开枪向大个子八路军战士射击。

这一声枪响，立刻惊动了西边炮楼里的日军，密集的枪声立即响了起来。张宗逊马上命令强攻西炮楼。西炮楼上有大约30个鬼子，听到枪响，赤身露体抓起枪就开始了抵抗，而且打得相当顽强。

战斗一直进行到黎明，随着一声巨响，西炮楼被炸得飞上了天空，碉堡里的鬼子全部被消灭。

正当张宗逊指挥部队打扫战场时，敌人的增援部队已经从静乐赶来了。这时，天下起了大雾，张宗逊得到情报后，立即把部队部署好。

敌人增援康家会的有60多人，在大雾之中钻进了八路军布好的"口袋"。张宗逊一声令下，战士们把手榴弹投向了敌人。浓雾之中，只听见轰轰隆隆的炸响，看不见硝烟。敌人被浓雾挡住了视线，胡乱地开枪还击。八路军占据了有利地形，对准敌人猛烈射击，打得鬼子哭爹叫娘，留下40多具尸体，狼狈地逃了回去。

康家会的敌人被彻底消灭了。上午10时，120师指挥所也转移到了康家会，康家会村顿时热闹起来。村里敌人保存的粮食全部被八路军运走。

▲张宗逊（中间未戴帽子者）正在布置作战任务

24日，暂1师36、37团和新军指挥部特务团，围困岢岚、五寨、神池敌据点，切断三县交通线，并一度攻入五寨城，毙敌数十人。

27日，彭绍辉、张平化指挥的独立第2旅714团由河曲出发，冒雨急行军数百里，31日夜直捣宁武、朔县间重要军事据点阳方口，激战三小时，占领火车站，全歼守敌，切断了同蒲铁路。

日军200余人分别自宁武、朔县出动，妄图南北夹攻阳方口，均被714团击退。714团毙伤日伪军120余人、俘获日寇5人。

此间，决死第二、第四纵队积极活动在汾离、离岚公路沿线，359旅717团一部也过河参战，数次击退柳林出扰之敌。独立1旅袭占离石城北石门塔，两次袭击寨子村，围困岚县县城，破坏敌公路、电话线。敌军龟缩在据点内不敢外出。

　　工卫旅和师特务团在太原南北地区，日夜苦战，破路袭敌。工卫旅 21 团在太原以北高村至忻县破袭铁路，袭击平社车站，掩护师工兵连破坏铁路，还两次袭击位于太原以西 25 公里处重要古道和关隘，大量杀伤敌人。高村至平社段铁路上的九座桥梁全部被炸，铁轨都被扒下损毁。

　　至 9 月 5 日，120 师与晋西北新军不断袭击敌人据点、车站和县城，破坏铁路、公路、桥梁，共进行大小战斗 163 次，毙伤日伪军 2700 余人，阻滞了察绥和晋西北日寇调兵增援正太路的计划，有力地保障了正太铁路主战场大破袭的胜利，使日寇在军事、经济上都造成了严重损失，给敌后各抗日根据地军民及敌占区同胞以很大鼓舞。

▲八路军和游击队互相配合，炸铁路、毁桥梁。

　　前面讲到，同蒲铁路是"H"中左边的一竖，而右边的一竖就是连接正太铁路东侧的平汉铁路。平汉铁路的破袭，是由晋察冀军区所属冀中军区和 129 师所属冀南军区负责的。

8月20日夜，冀南军区司令员陈再道、政委宋任穷指挥部队，首先攻克了平汉线河北境内南段的大站邢台车站，然后又接连攻克鱼镇、南镇、古鲁营等车站，邢台至磁县段的平汉铁路及车站大部分被摧毁。

平汉路北段的破袭任务是由冀中军区司令员吕正操、政委程子华负责。平汉路北段保定至望都沿线各据点都遭到了八路军的猛烈进攻。方顺桥、漕河镇车站被攻克，唐河铁路大桥、漕河铁路大桥被炸毁，保定至望都的铁路全部被毁。

冀东军分区部队，切断了大兴至廊坊段的铁路，并收复了蓟县、曹家庄、张家屯，还一度攻进了冀东最大的城市唐山，摧毁了开平至古冶间的铁路。

狠击致命点

　　正太铁路被八路军从头到尾破坏后，在它的南北两侧，在晋南晋北，在冀东冀南，整个华北地区到处都燃起了破袭战的烈火。每当夜幕降临，在八路军的带领下，成百上千的群众带着破路的工具，悄悄地来到公路和铁路上，齐心协力，扒掉一根又一根沉重的铁轨，掀翻一条又一条铁路。

▲人民群众连夜破坏日军的铁路交通线

　　由于八路军事前严格保密，日军对华北八路军重大的军事部署几乎一无所知。因此，从 8 月 20 日夜到 22 日，日军在正太铁路全线各处均遭受到突然打击，而且通讯联络也全部中断，处于一片混乱之中。

到 23 日，日军才开始清醒了过来。当他们了解到八路军正在破袭正太铁路时，像被刀扎了心窝子一样，感到这是致命的一击，必须马上救援正太路。

从 23 日开始，日军第 110 师团师团长饭沼守中将派出轻装甲车队及步兵一个大队前往井陉进行增援。日军空军又从太原出动了飞机，对 129 师的破袭部队进行轰炸，并调集部队由西向东增援正太线上的日军。

敌人反扑一开始，八路军总部就于 23 日发出通知，要求各个出击部队积极阻滞敌人增援正太路。

聂、贺、关、刘、邓并报军委：

① 根据你们几次简要战报，百团大战由于我参战全体指战员忠贞于中华民族与中国人民，英勇果敢进击在各交通线上，特别在正太线上已取得序战之伟大胜利，无论欣慰，特传令嘉奖，仰即转令周知。查此次百团大战，是抗战以来在华北战场上空前未有的自主积极的向敌寇进攻的大会战，对于全国抗战形势与华北整个战局均有伟大意义。百团大战亦将成为中外战史上最光辉的名词，望我全体将士发挥最大之决心、毅力、与耐力、顽强性、机动性，以再接再厉之精神，在现有序战胜利之基础上，猛烈扩大战果，完成战役任务，是所至盼。

② 根据情报，敌寇似在从平汉、同蒲、白晋等线调集兵力，增援正太，但估计兵力极为有限，且遭我沿途阻滞与抑留，仍难能基本上破坏我之战役进展。希饬各线配合作战部队，除积极破击交通路，阻止援敌外，尚希严格侦察警戒，互相联络，一致协同，注意防空、防毒，对于一切可能夺取之据点，可能消灭之敌人，可能破坏之建筑物，继续积极进攻之。尽量争取战役时间之延长与战果之扩大，对于敌寇以数百人或

一个大队来援之兵力，应有坚定决心，集结很优势兵力消灭之。因为只有这样，才能使敌不敢轻易出援，即使敌敢于来援，亦必须集结更大的力量，这便能延长时间与增加敌之空隙，均有利于我之破坏作业。如敌增援兵力大，我不能击破与阻止其前进时，我仍应寻些可能继续破坏地方破击之，并以得力一部转移到援敌来路方向进行破击，使敌顾此失彼，忙于往返，逐渐分散兵力。再者，雨不停，山水暴发，应利用山水流冲破路，更应发动沿线民众参战破路与搬运一切器材。

朱、彭、左、罗、陆①
八月二十三日午②

从这封电报看，八路军总部希望各个部队一定要利用敌人刚刚察觉但反扑力量还不够强大时，抓紧时间迅速扩大破袭的战果，给敌人以最大的打击。

但是，敌人的反扑非常快。由于石家庄驻扎着日军独立混成第 8 旅团，石家庄到微水之间的交通没有能够彻底断绝，因此日军利用便利的交通，迅速增援了井陉各个据点。这样一来，八路军在正太铁路上集中兵力大面积进行破袭战则越来越难。

面对这一局面，彭德怀设想，如果在正太路上不能继续坚持作战或未能彻底完成正太战役任务，能否先改变一下我军的行动方针，即把注意力转向正太路南北两侧，重点收复敌人深入各个根据地内的某些据点，缩小敌占区，同时使一部分兵力进行休整，而在正太路上则主要坚持游击战。为此，总部首长在 8 月 26 日发出了《开展正太线两侧作战之战役部署》的

---

① 即朱德、彭德怀、左权、罗瑞卿、陆定一。
② 中国人民革命军事博物馆《百团大战历史文献资料选编》编审组：《百团大战历史文献资料选编》，解放军出版社 1991 年版，第29—30 页。

电文。

聂、贺、关、刘、邓并报军委：

在正太路不能继续坚持作战或未彻底完成正太战役任务之情况下，我之行动方针，应是乘胜开展正太线两侧之战果，去收复敌深入各该根据地内之某些据点，继续坚持正太线之游击战，缩小敌占区，扩大战果，同时以一部兵力进行休整，具体部署：①聂集团应不少于 4 个团之兵力，力求收复上下社以北各据点，并向太原、寿阳、盂县以北，定襄、忻县以南开展工作；另以 3 个团之兵力，坚持寿阳、石家庄段正太线南北游击战争。②贺集团应以适当兵力乘胜拔除根据地腹地之若干据点；另应以 9 个团之兵力继续开展忻县、太原段同蒲线及太原交城地区工作，打通与边区与晋东南之交通路。③刘、邓集团应以不少于 4 个团之兵力出击平辽公路，而彻底毁灭之，并力求收复辽和两城；另以 2 个团之兵力坚持阳泉以西及榆太地区之游击战，开展工作与晋西北打通联系。④各线配合作战兵团之行动由各集团规定之。⑤划（规？）定聂、刘两集团所属各团组织之侦察部队，仍应留正太沿线活动，并使扩大根据地。目前各集团可向指定区域进行准备工作（如准备粮食等），但不要松懈现有任务之执行。

朱、彭、左①

但是经过一整天的反复思考，彭德怀认为，深入到各个根据地的敌人据点固然必须拔除，这样才能把根据地连成片，但现在还不是时候。现在的关键仍然是正太线，这是日军的一条

① 中国人民革命军事博物馆《百团大战历史文献资料选编》编审组编：《百团大战历史文献资料选编》，解放军出版社 1991 年版，第 31 页。

生命线，毁掉这条铁路，比拔除日军据点更加重要。因此，无论克服多大困难，做出多大牺牲，也要把正太线打瘫痪。

于是，27日晚上，彭德怀和左权又下发了《正太线破坏愈彻底则我愈主动》的指示。

聂、贺、关、刘、邓：

1. 百团大战展开后已历复一星期，敌点线占领及兵力不足与分散之弱点，更明显露出。截至昨廿六日止仅有敌千人之兵力，从石家庄逐渐向西增援。

2. 百团大战对整个战局改变敌我形势均有极大意义，我在正太沿线能坚持愈久破坏愈是彻底，可能逼使敌人改变其某些部分之兵力部署，从其他点线上抽调兵力增援正太。这给我寻求新的机动的方便或逼使敌人放弃正太线南北某些据点，回救正太线，这对整个太行山根据地之巩固更是有利。能达到此目的便使我军队作战容易取得主动权与操纵战争，□□百团大战的结果只能断截正太线一时期内之交通，而不能取得战局□□之改变。

3. 估计各线敌人正向正太线增援，正太线南北各据点敌仍图坚守不放。因此，我各线配合作战兵团应继续积极破击阻敌往援，正太作战兵团除继续彻底破路拔除可能拔取之据点，特别应对出击或来援敌一个大队以内之兵力，集结最优势之兵力歼灭之。只有歼灭敌一二个大队，才能顺利地扩张战果。聂集团应阻击向西来援之敌，并力求消灭其一部，对井陉、石家庄段铁路应继续破击，对平、灵、曲、定、唐、满各县敌应不断袭扰之。

彭、左

廿七日廿三时①

---

① 中国人民革命军事博物馆《百团大战历史文献资料选编》编审组编：《百团大战历史文献资料选编》，解放军出版社1991年版，第32页。

　　彭德怀这一计划的要点是：为了最大限度地破袭交通，最大限度地打击敌人，第一步先在铁路上破路，等到日军来援。如果是小部队，就集中优势兵力歼灭，迫使敌人放弃铁路周围的一些据点，来救援正太线；如果是敌人的大部队来援，八路军则跳出正太线，转向铁路南北两侧，寻找新的弱点开刀。

　　彭德怀的这个计划正好抓住了华北日军兵力过于分散的弱点。一段时期以来，日军在华北的兵力部署过于分散，布点太多，这原本是为了建更大的"网"。但"网"建得过于庞大，又使日军深感兵力不足，捉襟见肘。对于这一点，日军高层领导人也曾有所警觉。

　　早在 1940 年 3 月，在华北日军各兵团参谋长会议上，日军华北方面军平田副参谋长就曾提出：高度分散部署兵力的现状，对军队的教育极为不利，早日恢复集中部署，是我们最希望的。然而，考虑到华北治安的现状，为了争取尽快恢复集中兵力，在目前一段时期，仍不得不继续执行分散部署。

　　虽然日军高层领导人对部队部署太分散有所认识，但日军一贯骄横，目中无人。他们始终认为，在华北目前大股匪团已分崩离析，甚少具有集体威力，即使以小部队进行讨伐，也无任何危险，眼下正是积极讨伐的大好时机。

　　于是，日军很快又纠集了榆次、芦家庄的 2500 余人，并派其中的 700 余人于 28 日进驻试航；而驻守在塔摩寺和阳泉的日伪军近千人也占领了狮脑山；由石家庄向西前来支援的日军 2000 余人，正驻守在上安、下安、井陉、头泉地区，企图东西夹击正太路的八路军。

　　彭德怀得到这一情报后，立即于 29 日发电报通知三大军区的各位首长。

聂、刘、邓并报贺、关、军委：

一、集榆次、芦家庄之敌 2500 余人，其一部约 700 人于廿八日进抵试航、塔摩寺、阳泉敌千余人已占狮脑山，由石家庄方向连日西援之敌 2000 余人，现仍在上下安、井陉、头泉地区，估计该敌企图东西夹击我军，并配合驱逐我军离开正太路。

二、为坚持扩大正太战役战果，争取改变敌寇某些县城，创造第二步战役（见廿六日电）之有利条件，我正太作战兵团今后行动方针，主要的是打击敌增援部队和不放弃继续破路。其部署如次：1. 聂集团应于办（×?）（注：原文如此）号后集结主力于阳泉、井陉段以北之适当地点，刘邓集团应于同时间内集结主力于阳泉、寿阳段以南地区之适当地点，坚决打击增援出扰之敌，对增援出扰之敌在一个大队以下之兵力，务必予以歼灭。两集团均应有歼灭敌一个大队以下之兵力之任务，否则战果不能如我所欲的开展。2. 对于可能继续破击之地段应继续破击，并应以有力部队适时转移至来援敌之后方继续袭破，使他虽有来援之敌不能抢救正太路。

彭、左

廿九日未①

根据总部 8 月 26 日的命令和 29 日的敌情变化电报，聂荣臻在 9 月 2 日对所属军区部队进行了重新编组：

以 2、5、16、19 等四个团的兵力组成西路纵队，由郭天民、刘道生指挥，向盂县及寿阳以北地区进攻，主要是收复这一带敌人的据点。

---

① 中国人民革命军事博物馆《百团大战历史文献资料选编》编审组编：《百团大战历史文献资料选编》，解放军出版社 1991 年版，第 33 页。

以 3 团、四分区特务营和井（陉）获（鹿）支队一部分组成中央纵队，由杨成武负责，牵制正太路东段的敌人。

以军区特务团、师骑兵营、正（定）、新（乐）、灵（寿）、行（唐）游击支队和军区教导团为东路纵队，由熊伯涛指挥，担任石家庄至微水之间的正太路、石家庄至新乐之间的平汉路的破袭任务。

此时，阳泉、寿阳、太原日军第 4、第 9 独立混成旅团已经集结起来，准备用重兵进攻 129 师，因此寿阳以北地区敌军兵力空虚。

聂荣臻立即命令郭天民纵队进攻盂县以北地区，力克敌据点，使该地区成为军区联系 120 师和 129 师的通道。但这时军区部队还没有全部部署完毕，为了不失掉战机，聂荣臻命令西路纵队先期行动。

9 月 2 日早晨，西路纵队 19 团主力首先向盂县以东的大据点东会里守敌发起攻击，经过数小时的激战，攻克了敌人两个碉堡。

东会里的敌人火力十分凶猛，盂县的敌人也派兵增援。援兵迅速抢占了东会里以西的高地蘑菇岭，对 19 团构成极大的威胁。

19 团团长李和辉当即调整部署，以一部分兵力牵制高地上的援敌，主力则再次对据点的守敌发起猛攻。又经过两小时的激战，东会里的敌人终于支持不住，与增援的敌人一起逃回盂县，东会里据点终于被攻克。

军区各部队部署完毕后，郭天民立即带领部队，向盂县以北下社的敌人和驻扎在会里的敌人实施包围。

部队还在行进当中，分区部队和游击队就已经开始了行动。二分区特务营行动最快，他们首先占领了会里，接着又与游击第二支队合兵攻击下社。

接到下社日军受围困的消息后，盘踞在盂县县城及西烟的日军立即北上增援。

9 月 4 日，日军在飞机的掩护下，北上到了上社，企图接应下社日军南退，但被游击第二支队阻击在黄沙口附近。

19 团同时派出一部分兵力两侧夹击由下社南下的敌人。经过战斗，南下的敌人和北上增援的敌人未能会合，被迫各自退回原地。

9 月 5 日下午，下社的敌人突围到了上社，准备经上社向盂县撤退。

9 月 6 日拂晓，19 团的主力部队在兴道附近将从下社、上社南逃的敌人包围。激战五小时后，敌人大部分被消灭，只有残敌 40 余人趁着浓雾逃往盂县。

9 月 7 日，2 团也攻占了西烟。驻守在西烟的敌人战败后，也只好逃向盂县。上社、下社等均被收复。

由于当时分区通讯器材缺乏，没能及时通知郭天民盂县以北敌人四个据点被八路军收复。

郭天民正在部署主力攻击盂县以北之敌时，接到了 19 团的报告，四个据点已经被地方部队攻克，敌人正在向盂县方向逃跑，19 团政委黄义正带领五个连和分区特务营向盂县方向追赶逃敌。

郭天民得到这一消息后，立即命令 15 团、16 团向罗里掌山迅速前进，配合 19 团歼灭残敌。三个团终于在罗里掌山追上了逃敌，激战三天后，攻占了敌人的山头，全歼了日军，并缴获了大批火炮和轻重机枪。

同一时间，杨成武指挥的中央纵队沉重打击了从娘子关向盂县增援的敌人，并再次袭击了娘子关和井陉煤矿，极大地破坏了日军刚刚修复的矿井。

熊伯涛的东路纵队在平汉线上也展开了猛烈的攻势，他们炸毁了灵寿大石桥，阻止了石家庄出动西援的日军，有力地配合了西路纵队的作战。

吕正操率领的晋察冀军区所属冀中军区部队，也连续攻克了河北霸县的千人水、固安的临城铺、永清的赵家务三个敌人的据点，并使安次、万庄、高碑店等敌人据点也遭受严重打击。十分区的29团也炸毁敌人军列，炸死炸伤随车日军多名，切断了北宁铁路、平汉铁路以及正太路，并对两侧的公路再一次进行了大破袭。

至此，晋察冀军区各个部队结束了百团大战第一阶段的战役。

百团大战第一阶段，从8月20日开始至9月10日结束，共计二十天。据统计，在这期间八路军与日伪军共进行大小战斗265次，八路军攻克日伪军据点91个，打死打伤日伪军6000余人，并缴获了大批的军用物资。但是，八路军的损失也不小，共计伤亡4200余人，中毒1600余人。

百团大战第一阶段有一个很大的收获，就是按照八路军总部的要求，各个部队注意在战斗中收集各种资材，使这些资材为我所用。

战役之初，八路军总部曾向所属部队提出"不留一根铁轨，不留一根枕木，不留一座桥梁"的"三不留"口号。后来，这一口号又被地方部队加上了"不留一个隧道，不留一支电线杆"，从而成为"五不留"。

还有的地方部队和老百姓又提出了"破一里铁路等于消灭一连敌人""毁灭铁路就是消灭敌人""毁敌破路，让敌人用脚同我们赛跑""毁敌铁路，饿死敌人""毁掉铁路好缴敌枪炮"等口号。

▲被抗日军民炸毁的铁路大桥

在这些"不留"和"毁掉"口号号召下，部队和群众一开始采取把铁轨掀翻，把枕木拆下来的办法。后来发现日军修复铁路的能力很强，八路军和群众用一夜的时间把铁轨扒掉，日军修路队只用半天的时间就能把铁轨接好。

根据这一情况，八路军总部又要求各部队在破路时把枕木就地烧掉，把铁轨扛到很远的地方埋藏起来。可是十几个人在夜里抬着铁轨走很远的路，既不安全，也太浪费人力、耽误时间。

几经摸索，大家终于总结出了既简单、又迅速的办法：把铁轨用枕木架起来烧，枕木烧光了，铁轨也变成弯弯曲曲的了。还有的趁铁轨被烧红，用大锤把铁轨打扁。采用这个办法破毁铁路，日军修复起来就困难多了。

最为有效的破坏办法是把这些钢材加以利用，制造枪炮。

当时八路军最为困难的，就是枪炮不够，而制造枪炮需要很多的钢铁，平时兵工厂很难得到这些东西。现在，破路当中得到了这么多的钢轨，而且还都是质量非常好的高碳钢，这些可都成了八路军的宝贝了。

1939 年，八路军就在太行山黎城附近修建了黄烟洞兵工厂。百团大战开始后，拆下来的铁轨被源源不断地运送到了这里，使得黄烟洞兵工厂一个月就可以生产几百支枪。

在百团大战第一阶段还有一个很大的收获，就是华北地区的老百姓被充分地发动起来了，群众的抗日热情被激发了出来。战后很多老战士在回忆文章中经常用"万人破路"来形容当时的破路场面，一点也不过分。

在晋察冀军区，仅冀中一个分区就动员了 10 万以上的群众，配合对平汉路、津浦路、德石路、北宁路，以及境内的公路交通和沿线敌据点，进行广泛反复破击。共毁公路、铁路500 多公里，炸毁桥梁 20 座，毁机车一辆、车厢 49 节，收缴电线 1500 多公斤。在 129 师所在的晋冀豫解放区，大战第一阶段就动员了 7 万多群众参与破路。

人民群众的力量，使日军感到空前的恐惧。日军第 4 独立混成旅团旅团长片山省太郎中将曾经回忆道：

八路军的工作已深入到居民当中，村民正如"空室清野"的标语那样，几乎逃避一空，不见踪影，并且好像曾经积极协助八路军。因而在作战期间，日军的动向被详细地泄露给八路军，但在日本方面则对八路军的情报完全不明。八路军的行动变化无常，在一地仅住数日即行转移。在险峻的山岳地带，其游击行动非常灵便。与此相反，日军的行动由于马驮运行李辎重，部队及个人的装备过重，比起轻如猿猴的八

▲八路军与民兵相互配合，拆毁正太铁路上的铁轨。

路军显得十分笨拙。因此，任凭如何拼命追击也难以取得大的
成果。①

　　对此，日军第一军司令部的参谋朝枝繁春大尉也曾回忆
道："八路军的抗战士气甚为旺盛，共产地区的居民，一齐
动手支援八路军，连妇女、儿童也用竹篓帮助运送手榴弹。
我方有的部队，往往冷不防被手执大刀的敌人包围袭击而陷

　　① 中国人民革命军事博物馆《百团大战历史文献资料选编》编审组：《百团大战历史文献资料选编》，解放军出版社1991年版，第604页。

入苦战。"①

对于全中国民众当中蕴藏的抗日力量，毛泽东早在 1938 年 5 月的《论持久战》中就已经明确地指出："战争的伟力之最深厚的根源，存在于民众之中。日本敢于欺负我们，主要的原因在于中国民众的无组织状态。克服了这一缺点，就把日本侵略者置于我们数万万站起来了的人民之前，使它像一匹野牛冲入火阵，我们一声喊也要把它吓一大跳，这匹野牛就非烧死不可。"②

---

① 中国人民革命军事博物馆《百团大战历史文献资料选编》编审组编：《百团大战历史文献资料选编》，解放军出版社 1991 年版，第 604 页。
② 《毛泽东选集》第二卷，人民出版社 1991 年版，第 511—512 页。

举 国 欢 庆

自从新华社公布了八路军在华北展开了百团精兵大战的消息后，华夏神州，大江南北，到处都在以各种方式欢庆百团大战的胜利。全国各行各业各阶层民众的贺信、贺电，像雪片一样飞向延安，飞向太行山八路军总部。

彭德怀曾回忆说："此役胜利的消息传到延安，毛主席立即给我来电说，'百团大战真是令人兴奋，像这样的战斗是否还可组织一两次？'"① 由此可见，毛泽东对于百团大战第一阶段取得伟大胜利的喜悦之情溢于言表。

8月30日，中共中央机关报《新中华报》发表社论，对百团大战进行了热烈的赞扬。社论指出：

正当着国际形势大变动，日寇乘机企图迅速解决"中国事件"，先进行过宜枣战役的进攻，接着封锁我西南国际交通，并企图进攻洛阳西安以切断西北之中苏交通，同时大规模轰炸我行都重庆，加紧政治分化与逼我投降的时候；正当着日寇在华北敌后，加紧筑碉修路封锁河川，破坏我根据地的人力财力物力而推行其"治安肃正"计划的时候；正当我国抗战到了第四个年头，投降妥协的危险与困难空前增加的时候，我在华

---

① 彭德怀：《彭德怀自述》，人民出版社1981年版，第238页。

北之八路军主力，以百团精兵于 8 月 20 日 20 时同时从多方面大举向华北敌寇的大动脉同蒲、正太、白晋、平汉、北宁、平绥、津浦等各铁路及华北所有各公路以及其周围之各据点，进行空前未有的大规模战役进攻（不是战略进攻），这对中国抗战有极重大的意义。这一百团精兵的反扫荡是完全由我方在敌后主动发起的大规模的战役进攻，这在抗战三年来还是空前的创举，特别发生于目前形势下，它更将写成中国抗战史上光辉的一页。就在世界战争史上，在游击战争中，进行这样大规模的主动的进攻的战役，也属空前所未有。在今天从德国战胜法国、意军占领索马里兰以后，这样的"百团大战"在全世界陆战上，都还是最大的事情。毫无疑义，它将引起全中国以及全世界的注意。

......

这一百团大战，将给敌人"迅速解决中国事件"与"南进政策"很大破坏，不但打击了敌之士气，消耗了敌之军力，破坏了敌后方的伪组织与秩序，而且也必然迫使敌军继续调动兵力增援被打击最严重的地点，这必然要使得敌军现有的部署的混乱发生新的弱点，使得敌军从全局上受到牵制以至破坏敌之新的战略进攻计划与准备。同时也将使得我军打开华北游击战的局面，打破敌之封锁与"囚笼"政策，而开辟新的胜利局面。

这一百团大战的捷报不断飞来，毫无疑义地将更加激励着全中国人民抗战的情绪与抗战胜利的信心，将使全中国人民对八路军更加爱戴与拥护，将使全中国特别（是）行都重庆的被难同胞得到快慰。

这一百团大战将使华北以至全国八路军与各友军更加亲密团结起来，提高胜利的信心，并将激励我国前线各个军队更加积极地活跃起来，其结果毫无疑义地必然要或多或少地改变抗战的目前形势走向于我有利于敌不利的方向。

这一百团大战将使得华北八路军、游击队以及当地参战的人民得到最好的锻炼，使八路军、游击队的战斗力提高，使得华北人民抗战的力量与组织加强，这对于坚持华北敌后的游击战有着极大的意义。

最后，这一百团大战将给全世界以良好影响，一新国际对我国抗战的观感，这对我国争取外援上与联络东方殖民地半殖民地的被压迫民族的民族解放运动上也有其重大的作用。

这一百团大战的战役还正在开始，它还要向着原来计划的方向大大地展开起来。我们庆祝已得的伟大的初步胜利，我们盼望着全国的将士们积极动作起来，配合这战役的进行，争取各战线上战役战斗的胜利，粉碎日寇新进攻的企图。①

8月31日，彭德怀对《新华日报》记者谈了八路军发动百团大战的伟大意义。

"这一次百团大战及其所获得的胜利，在华北抗战历史上，乃至在全国抗战历史上，都占很重要的地位。在敌人后方进行主动的大规模的战役进攻，百团大战还是第一次。

……

这一战役进攻在华北抗战历史上是空前的，在全国抗战历史上亦甚少见。因为这一战役进攻，将缩小敌占区，扩大我占区，也就是华北战局转换开始。这一战役进攻的胜利，将为华北创造出一个新局势，而这个新局势将更多的牵制敌人兵力，阻滞敌人向我大后方进行正面的进攻。

这一战役进攻的初步胜利，已经有了许多伟大的收获：正

---

① 王政柱：《百团大战始末》，广东人民出版社1989年版，第255—257页。

太路全线已在我军掌握之中，沿线重要建筑、隧道、桥梁、车站、水塔等，均大部破坏，将二百里之路基、铁轨已全部彻底毁灭，使敌寇横贯太行山脉的交通要道多被我切断，使敌寇平汉路与同蒲路之间，河北与山西之间失掉联系，陷敌人首尾不能呼应的困境。在平汉路、同蒲路、平绥路、北宁路等处，我军亦同时出动，开展大规模的破袭，给了敌寇不少打击。

但这些胜利还只是这一战役的初步果实，各线战斗仍在继续发展，均由于我军将士用命与民众积极参加，战果必将继续扩大，更加增强我军的主动地位与增进敌寇的困难，更加缩小敌占区与扩大我占区，而这种胜利正是华北抗战局势开始转换的一个重要标志。但是华北抗战局势整个来说，这就是我们在这方面加强努力的一个表现，百团大战已经获得重大的战果。①

▲乡亲们在参观百团大战成果新闻照片流动展览

---

① 中国人民革命军事博物馆《百团大战历史文献资料选编》编审组编：《百团大战历史文献资料选编》，解放军出版社1991年版，第413—414页。

彭德怀还就百团大战初步胜利所带来的巨大影响进行了认真的总结。

9月5日，周恩来自重庆致电中共中央书记处，称："华北百团大战是一件振奋人心的大事，我们在此到处鼓吹，连日报纸登大字新闻，大公、新蜀、新民、国民公论发表我的讲话，今日大公报、新蜀报社论称赞华北八路军战绩。"①

9月10日，中共中央在《关于时局趋向的指示》中也赞扬说："而我党五十万大军积极行动于敌后（尤其是此次华北百团战役），则给了日寇以深重的打击，给了全国人民以无穷的希望。"②

同一天，中共中央书记处在发出的《中央关于"击敌和友"的军事行动总方针的指示》中，也充分肯定了百团大战的战果。

根据中央七七宣言与七七决定，我八路军新四军全部力量，在目前加强团结时期，应集中其主要注意力于打击敌人，应仿照华北百团战役先例，在山东及华中组织一次至几次有计划的大规模的对敌进攻行动。在华北则应扩大百团战役行动，到那些尚未遭受打击的敌人方面去，用以缩小敌占区，扩大根据地，打通封锁线，提高战斗力，并在山东与华中方面继续扩大我军之数量，而给予二百万友军及国民党大后方与敌占区内千百万人民以良好之影响，给予敌人向重庆等地进攻计划以延缓的作用。③

9月20日，延安全城放假，召开了纪念九一八九周年、庆

① 王政柱：《百团大战始末》，广东人民出版社，1989年版，第123—124页。
② 王政柱：《百团大战始末》，广东人民出版社1989年版，第209页。
③ 王政柱：《百团大战始末》，广东人民出版社1989年版，第213页。

祝八路军百团大战胜利大会。

这天下午5时，中共中央、中共中央西北局、陕甘宁边区政府各机关的全体工作人员，各大中小学的全体师生，各工厂、商店的工人、店员，民众自卫军和男女市民，还有城郊四乡的农民，分别排着整齐的队伍，伴随着《八路军进行曲》的雄伟乐曲，陆续涌向会场——青年体育场。

主席台前悬挂着百团大战的领导者朱德总司令、彭德怀副总司令、贺龙师长、聂荣臻司令员、刘伯承师长等人的画像，还挂着一幅《百团大战形势图》和一张《百团大战战绩初步统计表》。人们簇拥着挤到台前，向百团大战的卓越指战员致敬，为百团大战第一阶段的胜利而欢呼！

大会开始了，中共中央、西北局、边区政府的领导同志都亲自参加。大会通过的主席团成员有：毛泽东、朱德、王明、洛甫、王稼祥、康生、陈云、任弼时、邓发、董必武、吴玉章、李富春、徐特立、张鼎丞、谭政、高岗、高自立、萧劲光、冯文彬、孟庆树、茅盾、艾思奇、许光达、李延禄、高述先、王震、陈宏谟等。

陕甘宁边区政府副主席高自立致开会辞，概述了召开大会的三点意义：纪念"九一八"东三省沦陷九周年，庆祝八路军百团大战的胜利，追悼和慰问百团大战中阵亡和负伤的将士。

高自立说，百团大战是抗战以来相持阶段中第一次大规模反扫荡的战役进攻。我们谨向八路军表示热烈的慰问，向领导百团大战的蒋委员长、毛泽东同志、朱彭正副总司令致敬！这大战现在仍未结束，可是已得到很大的胜利。全陕甘宁边区的人民，听见这消息，都兴奋起来了。这百团大战的胜利，一定会开展到华北各地去，到各战场上去。全体人民起来呵，扩大这胜利！

高自立接着说，百团大战中有许多英勇的干部和战士阵亡了，许多干部和战士光荣负伤了，这正好说明我们中华民族有这样英勇的儿女，他们为国家民族流尽了最后一滴血。我们应当深深地追悼他们和慰问他们。

八路军政治部主任王稼祥在大会上也发表了讲话。他说：卢沟桥事变后，八路军即开赴前方，参加神圣的抗战。武汉失守前，日寇正面进攻，中国正规军后撤，我们八路军便向敌后挺进。首先是平型关一仗，以后配合友军保卫太原、保卫徐州、保卫武汉，我们发动民众，开始游击战争，建立敌后抗日根据地。这是第一时期。没有这时期的工作，百团大战的胜利是不可能的。

武汉失守后到抗战三周年，是第二时期。这时敌人停止正面进攻，以主力扫荡敌后。我们胜利地进行了无数次的反扫荡。没有这时期的残酷的斗争，敌后抗战是不能坚持的，敌后抗日根据地是不能巩固的，百团大战的胜利也是不可能取得的。

王稼祥最后说，百团大战第一阶段已经得到很多的胜利了。从今天起，百团大战第二阶段开始了。我们要巩固已得的胜利，扩大已得的胜利！

王稼祥主任的讲话刚结束，恰巧朱德由鄜县（今富县）巡视返回延安进入会场。会场上立即爆发出热烈的掌声，欢迎朱总司令讲话。

朱德不顾一路风尘劳累，登上主席台。他说，这次大战，还没有包括八路军的全部，山东方面的部队还没有参加，参加的只是在冀察晋绥的八路军和决死队，一共105个团。这次进攻的主要目标是正太、同蒲、平汉、津浦四条铁路和许多公路。8 月 20 日夜间 8 点钟，这 105 个团一起向敌人出击。这样整齐的步伐，在八路军也还算是第一次。各地方都打起来了，敌人还不知道，弄得惊慌失措。这说明我们的军事技术还相当高，105 个团运动着，敌人一点也不察觉。这次的战役反攻，获得成绩最大的是正太路，正太路差不多完全给我们破坏了。尤其是井陉煤矿，被我们彻底毁坏了。敌人损失奇重，全部说来，敌人至少要损失数千万元。破坏了的铁路至少要等两个月甚至半年之后才能修筑起来。自然，获得这些成绩，代价是相当高的。我们伤亡了很多同志，我们要纪念他们，学习他们。

大会一致通过了筹备会起草的三份通电：《致国民政府军事委员会电》《致东北抗日联军电》。

在华北敌后各抗日根据地，军队和老百姓都以抗战以来从未有过的兴奋、欢乐和激情，庆祝百团大战第一阶段的胜利。

▲乡亲们热烈欢迎参加百团大战胜利归来的英雄们

　　自 8 月 31 日彭德怀对《新华日报》记者发表谈话后，杨尚昆、左权、聂荣臻、刘伯承、贺龙等领导同志，或接受记者采访，或亲自撰写文章，纵论百团大战胜利的意义、影响和进一步扩张胜利的设想，把庆祝活动引向深入。

　　朱德于 9 月 26 日在《新中华报》上发表了题为《扩张百团大战的伟大胜利》的文章，他指出：

　　百团大战是我军在敌后方进行的大规模的战役进攻，是我军政民共同发动的伟大的交通战和经济战的总攻袭。这一个战役进攻，给华北战局很大影响，它将缩小敌占区，扩大我占区，打破敌后抗战的严重困难，造成华北抗战的新局面。目前大战仍在继续中，但初步战果已经表现出空前伟大的收获，而为全国同胞所同心庆祝。八路军的全体将士，华北的许多游击队以及广大的人民，正在再接再厉，浴血奋战，为扩张这一伟大胜利，告慰全国同胞而继续斗争。

　　……

　　正因为八路军具有这种历史的根据，所以才能够造成今日的战胜敌人的条件。这个条件是什么？这个条件就是我们能够以人民为基础，依靠发动华北千千万万广大人民的人力物力，团结一致，自力更生，来对付敌人。

　　百团大战的胜利又重复地证明，只有坚持团结进步的方针，只有坚决执行三民主义，才能够发动群众和依靠群众，才能取得胜利。我们要取得抗战胜利，就必须敢于发动群众和依靠群众，否则就只有失败。

　　百团大战虽然取得了伟大的胜利，但我们决不能因此而自满，我们必须估计到敌后抗战的坚持仍然还存在着严重的困难，这主要的就是弹药和给养的困难。因此，我们热烈地希望我最高军政当局，全国一切抗战的同胞以及海外侨胞，予我们以源源的资助。我军的全体指战员和政工人员，必须更加发扬我艰苦奋斗的模范精神，同时力求自力更生，以做到给养困难的解决。只有这样，敌后抗日武装才能继续坚持，才能扩张已得的胜利。①

聂荣臻在 9 月 16 日对晋察冀社记者的谈话中，认真地归纳了百团大战期间八路军进攻的主要特点。

百团大战这是一个战役的主动的进攻，不是战略的反攻。因为从抗战开始以来，主动的、像这样大规模的向敌人的战役进攻，百团大战还是第一次。所以说，这次战役进攻的本身就是一个特点。这是第一。

第二，从整个战役过程来讲，其中心是在交通战，大量的破坏敌人的交通，把敌人的密如蛛网的交通网一节一节地截断，使那只蜘蛛从网的缺里堕跌下去。

第三，各路同时出动，不仅仅在一地，而是华北的每一条大干线都动起来了。

第四，正因为是八路军组织的战役进攻，所以在这样一个大的范围内，动作是完全一致的。在同一小时内进攻，在同一小时内放枪，各方面都有密切的联络，互相配合得特别好。

第五，这一战役进攻，不是在一条线上，而是在各个抗日根据地的中间展开的。是在朱、彭总副司令的直接领导之下，一齐向敌人出动的。

第六，处在敌人的远后方，没有得到大后方的接济。许多

①　中国人民革命军事博物馆《百团大战历史文献资料选编》编审组编：《百团大战历史文献资料选编》，解放军出版社 1991 年版，第 409—411 页。

部队是由游击队生长壮大起来的，他们能够和敌人这样大的兵力作战，这里，正充分表现了自愿入伍的英勇的子弟兵的特质。

第七，这一战役进攻，不仅仅是部队的作战，而是全华北的广大的民众都参加了战斗的。他们不仅仅运输、担架、送茶送饭，并且有许多民众都直接参加到团里营里去，担任破坏和牵制敌人的任务。就边区来讲，这次的群众动员，和过去的每一次反扫荡都是不同的，无论在运输、担架、救护等方面，都是很有组织很有联络的，不仅仅是壮年、青年，就是老年人和妇女，都直接的参加了战斗。

▲正太路前线的妇女担架队

关于百团大战，刘伯承也曾谈了自己的感受：

这次八路军和决死队在华北敌后所进行的百团大战，实质上乃是敌我之间交通斗争的激烈表现。所谓交通斗争，简单说来，就是要想尽一切办法，用尽一切力量，以求畅通我之交通，斩断敌之交通。反之，在敌人方面也是如此。敌寇在一九三七年更进一步侵略中国开始时，便提出所谓"只要交通有保证，灭亡中国绝对不成问题"的口号。

……

正太战役的几点经验教训：首先这次胜利，是在华北的八路军、决死队协同民众在一起并肩作战艰苦奋斗的结果，其密切配合亲密团结的精神，应该成为全国抗日军民共同作战的模范，这一次事实，再一次充分说明了团结抗日的重要意义。

其次，此次胜利是在华北的磨擦问题大大减轻了的时候进行的，又再一次的充分证明了抗日民族统一战线政策的完全正确，消除磨擦的十分重要。只有彻底消除磨擦，加紧各阶级、各党派、各友军以及军政民相互间的团结合作，才能在抗日战场上获得更大胜利。

再次，这次的胜利，是由于得到华北其他各个战略地区，例如晋察冀、晋西北、冀中、冀南、山东等地的有力配合，由于敌人战线过长，兵力不足，使它无法兼顾，形成到处挨打的困境。正譬如一头野牛，在沟里吃草，向左伸嘴，左来一棒，向右伸嘴，右来一棒，结果在左右受敌之下，只有吃亏。①

贺龙也于 9 月 8 日在《八路军军政杂志》上撰文说：

八路军、新军百团大战的突然发动与节节胜利，犹如一阵暴烈的霹雳，轰动了整个华北战场，以至于全中国全世界。这一空前的壮举更加显示了我军无比的威力，并且在中华民族解放斗争的历史上，将永远放着灿烂的光辉。无怪乎敌人要大为震惊而手足无措，我们则举国兴奋，万众欢腾。

……

---

① 中国人民革命军事博物馆《百团大战历史文献资料选编》编审组编：《百团大战历史文献资料选编》，解放军出版社 1991 年版，第 433—440 页。

　　这样大规模的战役进攻，在抗战以来还是第一次。这次伟大的行动不但使敌人的力量受到严重的打击，打击其进攻我大西北的阴谋计划，更使敌后广大地区以及全国的同胞明晰的看见中国的力量是如何显著地发展着，尤其使敌占区的同胞万分兴奋，因而更加看清中国自身的力量，坚定最后胜利的信心，而敌人的欺骗夸张终归于破产，一切对抗战悲观动摇的念头也归于破产。

　　这次伟大的战役对于转变华北战局，坚持敌后抗战，尤其有重大的意义。

　　这次战役更说明了，我们必须以这种积极的行动破坏敌人向我继续进攻的一切准备，在另一方面便利于我们准备战略反攻，才能使战略反攻可以指望，最后胜利更快到来。①

▲朱德、彭德怀、左权等发表的关于百团大战的总结文章

　　当时，很多报纸也连续载文，对华北的百团大战进行了详细报道和热情歌颂。

————————

　　①　中国人民革命军事博物馆《百团大战历史文献资料选编》编审组编：《百团大战历史文献资料选编》，解放军出版社1991年版，第446—448页。

8 月 27 日，当时的《抗敌报》发表了《积极动员配合八路军百团大战》的社论。

9 月 6 日，《大公报》刊登了《瞻望北方胜利》的社评。

9 月 12 日，《力报》也载文庆贺。

《新华日报》在 9 月 19 日的《华北百团大战的历史意义》的社论中也指出：

华北胜利的消息，带给全国军民以莫大的兴奋，给予敌寇汉奸以莫大的打击。华北胜利的事实告诉我们，中国是有办法的，是有前途的，是能克服困难的，是能战胜日寇的。正如重庆某报评论华北胜利时所写的后方的同胞们为此感奋到流泪，这完全是真情实话。

华北百团大战是抗战三年来的一件大事。百团大战虽然不是整个战略的反攻，但是这次百团战役对于我军整个战略的配合，有极大的意义，对于牵制敌人新的进攻，有决定的意义。

无论如何，华北百团大战，将永远留在人心，传于史册。它指示了一条冲破困难的正确的道路。照着这条道路，全国军民将走到最后的胜利。①

在百团大战期间，八路军总部经常以第十八集团军的名义，给蒋介石拍发电报，报告八路军与日军进行战斗的情况和取得的战果。

百团大战第一阶段取得了巨大的胜利，蒋介石也于 9 月 4 日给第十八集团军发来了一封表示嘉奖的电报。

---

① 中国人民革命军事博物馆《百团大战历史文献资料选编》编审组编：《百团大战历史文献资料选编》，解放军出版社 1991 年版，第 493—494 页。

朱副长官、彭副总司令：

迭电均悉。贵部窥此良机，断然出击，予敌甚大打击，特电嘉奖。除电饬其他各战区积极出击以策应贵部作战外，仍希速饬所部积极行动，勿予敌喘息机会，彻底断绝其交通为要。

中正①

百团大战的胜利，在全国引起了强烈的反响。就连国民党中央社，也连续播发和刊登八路军百团大战的战绩。

在当时国民党各战区，真诚祝贺百团大战胜利、愿意配合八路军作战的将领不乏其人，第一战区司令长官卫立煌，就是其中一位。

卫立煌分别于8月26日和28日两次致电朱德，表达祝贺和钦佩之意：

×日×号电均悉。查顽寇陆续增兵，企图扫荡华北，截断我西北国际交通，兄等抽调劲旅，事以迎头袭击，粉碎其阴谋毒计，至深佩慰。除已饬各部迅速动作配合贵部作战，完成兄等歼敌大计外，谨此电复。

弟卫立煌　宥

朱副司令长官：××三电均敬悉。贵部发动百团大战，不惟予敌寇以致命之打击，且予友军以精神上之鼓舞。我××部队配合贵集团军于×日开始向当地顽敌袭击。除饬加紧动作策应牵制外，敬复。

弟卫立煌　俭②

① 中国人民革命军事博物馆《百团大战历史文献资料选编》编审组编：《百团大战历史文献资料选编》，解放军出版社1991年版，第228页。

② 中国人民革命军事博物馆《百团大战历史文献资料选编》编审组编：《百团大战历史文献资料选编》，解放军出版社1991年版，第224页。

随后，卫立煌立即指挥冀南以及中条山一带的中央军，积极主动配合八路军对日作战。

在大后方，由于国民党当局在宜昌沦陷后缺乏守住行都重庆的信心，妥协与投降空气日益浓重，人心惶惶，悲观绝望。八路军在华北百团大战的胜利喜讯，给了不断遭到日寇军机轰炸、受苦受难的大后方同胞以极大的振奋。他们虽然不能像陕甘宁边区和敌后抗日根据地人民那样引吭高歌，欢呼庆祝，却也各方串联募捐，以自己节省下来的钱物慰劳八路军的将士们。

中共中央的关怀，国共两党领导人的嘉勉，抗日根据地人民的庆贺，大后方同胞的期望，使八路军指战员备受鼓舞。各部队在休整总结的基础上，纷纷表示：要深刻领会党中央和朱、彭正副总司令的作战意图，为扩张百团大战的胜利作出更大的贡献。

再 掀 狂 澜

在欢庆百团大战第一阶段胜利的同时，八路军的将领们也在考虑着下一步的作战部署。

几天来，彭德怀和左权反复分析了目前敌我双方的态势，认为各个地方部队应继续监视日军的行动，继续进行小规模的破路，三个军区的主力部队要一面集结休整，一面认真总结经验教训，同时做好第二阶段的战斗准备。

这一天，彭德怀和左权又在商量如何开展第二阶段的战役。彭德怀走到挂在墙上的作战地图前，考虑再三后说，正太破路的任务已基本上完成，我们下一步的任务，应该是在正太铁路的两侧展开战斗了，要把战斗的重点放在收复深入根据地敌人的据点上，要尽量缩小敌占区，以扩大战果。

左权同意地点点头，说道，是啊，敌人插入到我们抗日根据地里来的这些据点，就好比楔子一样，对根据地威胁很大，我们应该坚决拔除它们！说完，他们两人的目光都不约而同地集中在太行地区的榆社和辽县。

榆社和辽县离八路军总部所在地武乡最近，分别在武乡的正北和东北。这两个县与武乡构成一个三角形。榆社距离武乡40公里，到辽县50多公里，正好把129师晋东南根据地从中间分割开来。

从东边的辽县顺公路北上，经和顺、平定直达正太铁路敌人的大据点阳泉，西边的榆社又正好位于横贯晋东南的白晋铁路的中间，南抵晋城，北接太原。

由此，铁路和公路把晋东南分割成了三部分。如果能把榆社、辽县敌人的两大据点拔除，则八路军晋东南地区就成片地连接了起来，而日军也就丧失了分割晋东南根据地的战略支撑点，在这一地区的战略计划就将被彻底粉碎。

在榆社和辽县被确定为第二阶段战役的重点后，彭德怀又指着位于晋察冀根据地内的涞源和灵丘两个县说，这也是心腹大患啊！

涞源位于河北省中部的西边，紧挨山西。灵丘位于山西省东北部，紧靠河北，一条涞灵公路把两个县连接起来，正好插在晋察冀根据地的中间。两县县城相距仅 50 公里，敌人可以凭借快速部队相互支援。日军一向把涞源、灵丘两县当作是分割、消灭晋察冀军区和晋察冀根据地的重要战略支点。

1939 年秋天，日军的"名将之花"阿部规秀中将就曾提出，日军华北方面军司令部驻在北平，驻蒙军司令部驻在张家口，八路军晋察冀军区则位于南面，涞源县正好处在这三个重要位置的中间。日军如能控制住涞源，就可以直捣八路军晋察冀腹地。正是出于这种战略考虑，阿部规秀率领独立混成第 2 旅团大举进攻涞源，结果被杨成武的部队全部歼灭在黄土岭。

阿部规秀在黄土岭全军覆没之后，新组建的日军第 2 旅团旅团长人见与一又派兵反复进攻涞源，终于占领了涞源以及附近的战略要地东团堡、三甲村、白石口，建立了据点。

盘踞在大同的日军第 26 师团师团长黑田重德中将也出兵占领了灵丘及其以北的广灵，建立了据点。

经过认真研究，彭德怀和左权决定：第二阶段战役的重点有两个，一是由晋察冀军区主攻涞源和灵丘；二是由129师主攻榆社和辽县。

左权指着地图说，我建议，晋察冀军区应出动不少于四个兵团的兵力，收复盂县北面的上社、下社等敌人据点；另以一部分兵力在阳泉、石家庄附近活动，一方面是继续破路，另一方面也起到监视敌人的作用，防止他们向北增援。129师应出动不少于四个兵团的兵力，破袭平定至辽县的公路，最好能收复辽县、和顺，并出动两个团的兵力在阳泉以西地区活动，争取和晋西北的120师打通联系。

接着，他又说道，120师除以一部分兵力拔除根据地心腹地带敌人的据点外，还应在忻县、太原、交城、文水等地的铁路、公路沿线进行游击战，打通与晋察冀军区、129师的联系。

1940年8月26日夜，八路军总部向各部队发出命令，要求晋察冀军区、129师、120师立即转移兵力，首先向正太铁路两侧展开游击战，并力图拔除敌人伸进根据地腹地的各个据点。

9月16日，八路军总部又以朱德、彭德怀、左权三人的名义，发布了《百团大战第二阶段作战命令》：

一、第一阶段正太作战已于九月十日结束，正太路胜利已错乱了敌人部署，部分调动了敌人，特别是百团大战政治上收获更大，推动了抗战与团结进步。

二、为扩大百团大战第一阶段之战果，贯彻百团大战之目的，拟定百团大战第二阶段之作战计划如次：

甲、作战基本方针

1.继续破坏敌寇交通。

2. 克复深入我基本根据地内之某些据点。

乙、作战部署

1. 120 师以截断同蒲北段交通之目的，集结主力破击宁武、轩岗段同蒲路而彻底毁灭之。

2. 冀中、冀南部队以打击敌寇修筑沧石路、石德路、邯清路之目的，应集结主力彻底毁灭各该路已修成之部分及前线路基。

3. 晋察冀军区以开展边区西北方面工作之目的，应集结主力破袭涞灵公路及夺取该两城（主要是涞源），并以有力一部在同蒲东侧积极配合 120 师之作战。

4. 129 师以收复榆社、辽县之目的，开展辽榆地区斗争，并以有力一部不断破袭白晋路北段。

5. 晋察冀与 129 师原留在正太线行动之部队不变，并积极阻挠敌修复铁路。

6. 挺进军应以有力部队在平汉路北段、平绥路及北平城郊积极活动；冀中应以有力一部在北宁路及津浦路北段积极活动，不断破路倾车，扩大影响，阻敌增援。

7. 对其余各大小交通线之配属作战部队，由各战略区自行配置之。

丙、第二阶段之作战统于本月二十日开始作战。

三、作战具体部署及参战兵力请报本部。

此令

朱、彭、左①

---

① 中国人民革命军事博物馆《百团大战历史文献资料选编》编审组编：《百团大战历史文献资料选编》，解放军出版社 1991 年版，第 42—43 页。

三大军区接到八路军总部的作战命令后，立即重新进行了部队编组和战役部署。

晋察冀军区的作战部署是：由第一军分区司令员杨成武指挥本分区的1、3、25团和第三军分区的2、20团等部队，组成右翼纵队，负责攻占涞源及其附近的敌人据点；由第五军分区司令员邓华指挥本分区6团及第一分区的26团，以及察绥支队等部队组成左翼纵队，攻击灵丘、浑源、广灵一线的敌人据点；由冀热察挺进军司令员萧克指挥平西、平北军分区部队阻击该地区向涞源、灵丘增援的敌人；由第二军分区司令员郭天民指挥本分区的4团攻击五台地区的敌人据点；由第三军分区司令员黄永胜指挥军区教导团在唐县一带展开行动；由团长刘云彪率军区骑兵团在保定东侧的完县地区监视敌人；由冀中军区第九军分区的18团作总预备队。

129师的作战部署是：以陈赓指挥的386旅和决死一纵队的25团和38团为左集团，攻取榆社及榆辽线上的沿毕、王景等据点；以陈锡联指挥的385旅及新11旅的第32团为右集团，负责攻取榆（社）、辽（县）公路东段的管头、小峪等据点，再进一步攻占辽县；以范子侠率领的新编10旅在辽县和北面的和顺之间的公路上，牵制昔阳、和顺等地南援辽县的敌人；以太岳军区的17团和57团组成沁北支队，破袭沁县南北交通线，掩护主力在榆（社）、辽（县）公路上进行作战。

120师的作战部署是：由张宗逊指挥358旅破袭同蒲铁路原平到宁武之间的铁路；由高士一指挥独立第1旅破袭原平到忻县间的铁路；由彭绍辉指挥独立第2旅破袭宁武到朔县之间的同蒲铁路，从而达到摧毁同蒲铁路南段的目的。

彭德怀与左权再三商量，又决定把山东地区的八路军部队也加上，同时在津浦路和胶济路上展开大破袭。

山东地区的八路军有 115 师和山东纵队。

115 师师长陈光（代）、政委罗荣桓、参谋长陈士榘、政治部主任萧华；山东纵队总指挥张经武、政委黎玉、副总指挥王建安、参谋长罗舜初、政治部主任江华。

彭德怀和左权提出，115 师应负责破袭津浦路天津至德州段、济南至徐州段，攻占鲁南、鲁西北敌人的据点；山东纵队应负责破袭胶济路，拔除胶东、胶北地区敌人的据点。

9 月 23 日，八路军总部发出了《百团大战第二阶段作战主要攻击目标》的命令：

贺、关、聂、萧、刘、邓、宋并陈、罗、朱、黎、罗、吕、程、杨、崔并报毛、朱、王、谭、周、博、叶、林、伍并告胡服、雪枫、克诚。

1. 百团大战第二阶段作战主要攻击目标计：刘师辽县、榆社地区。聂军区涞源、灵丘地区，冀中沧石线、德石线。冀南石德线、邯济线。贺师溯县至原平之同蒲线。攻击已于廿二、廿三两日先后开始，各部尔后进展情形、战报、敌情等，仍应按前规定各项及时报告本部。

2. 望各部自即日起注意电台联络，并接收总部情报和广播。

彭、左

廿三日亥①

---

① 中国人民革命军事博物馆《百团大战历史文献资料选编》编审组编：《百团大战历史文献资料选编》，解放军出版社 1991 年版，第 44 页。

涞灵战役

晋察冀军区第一军分区司令员杨成武及副司令员高鹏、参谋长聂鹤亭所指挥的右翼纵队行动最快，他们迅速接近涞源，并开始向附近敌人的据点发起进攻。

日军第2独立混成旅团旅团长人见与一中将，吸取了阿部规秀孤军深入、全军覆没的教训。他在涞源至宣化的公路沿线建立了插箭岭、三甲村、中庄、上庄、东团堡、白石口、张家峪、王喜洞、曹沟堡、北口、留家庄、辛庄、刘家嘴等据点，并向这些据点派驻了人数不等的兵力。

派驻涞源县城的是日军独立第四大队一个大队，有500多人。白石口和东团堡，各派驻了一个中队，别看人数比涞源少，但力量并不弱。东团堡虽然只有170多人，但却是一个士官教导大队，各种轻重武器配备良好，战斗力很强。其他各个据点的日军虽比白石口和东团堡少，但作战能力并不弱。

人见与一想通过这样一连串散布在从涞源到宣化公路线上的大小据点，使深入到晋察冀根据地的日军可以迅速地互相支援。这样八路军的游击战术就难以运用自如。日军联系得越紧密，也就意味着八路军被切断得越多，八路军的根据地也就无法生存。

人见与一虽然设想得很好，但八路军的进攻计划得更为周密。杨成武为了打好涞源这一仗，早就开始着手准备了。他首先派军分区侦察科科长姜洪照率领侦察员们化装前往涞源一带进行侦察，然后又召集 1 团团长宋玉琳、2 团团长萧思明、3 团团长邱蔚等人，亲自部署这次战役。

经过对敌情的研究，决定：1 团攻击涞源县城，2 团攻击插箭岭、三甲村、中庄，3 团攻击东团堡。到达指定地点后，各团首长又带领营、连干部查看地形、侦察敌情，分配火力，做好攻击的准备。

为了便于指挥，杨成武率领军分区指挥机关，来到涞源县城和三甲村之间的古长城上，选择一个烽火台，设立了指挥所。

9 月 22 日凌晨，涞源县城和三甲村同时爆发出机枪的吼叫声。战斗打响了。

宋玉琳率领 1 团，动作迅速，时间不长，就突破了涞源县城的东关、西关和南关。2 团也攻进了中庄和三甲村，与敌人展开了激烈的搏斗。

东团堡向南 30 多公里就是涞源县城，向北可以到达宣化，这里还有日军一个重要的补给站，其战略地位可想而知。驻守东团堡的日军士官教导大队在据点的周围构筑了大量的碉堡、围墙、明暗火力点，挖掘了内、外壕沟，架设了铁丝网，还摆上了鹿砦等障碍物，构成了坚固的外围工事。

邱蔚率领 3 团来到东团堡后，立即命令 3 营主攻，2 营助攻，1 营负责攻占上庄，防止上庄的敌人增援东团堡。

战斗打响后，3 营营长陈宗坤率领战士们摸到东团堡外围的馒头山上，砍断了铁丝网，杀死了鬼子哨兵，并以迅雷不及掩耳之势，炸死了山头上碉堡里的哨兵。

鬼子被惊醒后，打开探照灯，随即以凶猛的火力向八路军战士扫射。

3营的8连也集中火力向敌人猛打，而9连则乘机攻占了东团堡西南角的炮楼。东团堡敌人的防线终于被撕开了一个口子。3营长见机大喊一声："冲啊！"号兵吹起了冲锋号，3营的战士们如一阵狂风，从缺口处冲进村去。

冲到东团堡村里面，战士们才发现，这里设计复杂，防守坚固，敌人的火力更加凶猛。日军士官生们都端起刺刀，"哇哇"怪叫着向3营杀来。

正在这时，东团堡南边村口突然响起了激烈的枪声，原来是担任助攻的2营也冲了进来。日军见状不妙，立即施放毒气。八路军战士们中毒的越来越多。

战斗一直进行到天明，3营和2营未能占领东团堡，只好先退了出来。担任切断上庄与东团堡联系的1营，也曾一度攻入东团堡村内，但也遇到了鬼子的顽强抵抗，损失较大，也只好撤了出来。

杨成武在烽火台指挥所里，接连得到各团的报告，得知3团进攻东团堡受挫；而一度曾攻进了涞源县城的1团，也被增援的敌人反击了出来；2团也曾攻进了三甲村、上庄，但因敌人疯狂反扑，部队攻击受挫，也只好撤了出来。

杨成武决心调整部署，再度攻击。他拉着副司令员高鹏来到作战地图前，指着涞源一带的敌人据点说："我的想法是，集中兵力，各个歼灭敌人。我们先打薄弱分散的敌人，然后再集中兵力打击集结在一起的敌人。我看，我们先把涞源放一放，用一部分兵力对它进行监视，迅速集中兵力拔除涞源外围的敌人据点。破了外围据点之后，再来集中兵力攻打涞源。你看怎么样？"

　　高鹏完全同意杨成武的意见，又补充道："让 1 团暂时停止攻击涞源，除抽出一部分兵力监视县城外，再抽一个营和炮兵协同 2 团迅速拿下三甲村。3 团集中兵力攻击东团堡。只要这两个据点被攻破，涞源之敌就会被孤立起来，其他的小据点也就不难解决了。"

　　当杨成武把这个想法报告给聂荣臻时，聂荣臻立即表示同意。于是，对涞灵战役又重新作了部署。

　　在 2 团团长萧思明的指挥下，经过一夜的激战，2 团和 1 团的 1 营终于攻克了三甲村，全歼守敌。

▲晋察冀军区第一军分区 2 团 1 连连长李永生在三甲村战斗中一人缴获轻机枪一挺、三八式步枪三支

　　1 团也攻占了北口，游击第三支队攻占了白石口，25 团则攻占了刘家嘴。

涞源日军警备司令官小柴俊男一听说三甲村失守，急忙纠集200多日军前来增援，并电请张家口的驻蒙军司令部出动飞机给予掩护。

9月24日上午，敌人从涞源出发，猛扑三甲村。萧思明指挥2团利用有利地形和坚固的工事，进行勇猛反击。

经过一天的激战，鬼子伤亡惨重，丢下数十具尸体，仓皇逃回涞源。2团士气大振，又连克中庄和王喜洞。

杨成武得到攻克三甲村等敌据点的消息后，非常高兴。但一想到东团堡的3团面对的是日军士官教导大队，就带上人马，向东团堡方向奔去。

这时的东团堡，团长邱蔚和政委王建中正指挥部队猛攻核心工事。战士们喊声震天，勇猛冲锋，日军也正在用重机枪和掷弹筒进行阻击，双方的炮声枪声响成了一片。

杨成武带人赶到东团堡后，3团经过六次冲锋，已经占领了东团堡外围的环形工事，敌人退进了村西南角的核心工事继续进行顽抗。

敌人的核心工事，是建在村子西南角一个大院内的密集碉堡群。士官教导大队的日军非常顽固，接连三次向3团进行反扑，但均被3团的战士们击退。日军大队长甲田见形势不好，脱光上衣，挥舞战刀，率领数十名士官生与冲进核心工事的3团9连1排的战士们展开了肉搏。

1排排长于勇，带领全排战士，与敌人拼杀在一起。于勇刚刚扎死面前的一个鬼子士兵，还未拔出刀来，就觉得身背后有一股冷风袭来。一把日本军刀从上往下猛地劈了下来，于勇迅速把身子一低，背后的刀正好劈在了他对面一个鬼子士兵的肩上。鬼子士兵被斜肩劈成两半，顿时鲜血流了一地。于勇急中生智，急忙从被扎死的鬼子身上拔出枪来，把枪托往后猛地一捅，正捅在背后举刀的鬼子肚子上。这个鬼子惨叫一声，倒在了地上。于勇翻过身来，用刺刀扎在了鬼子身上。

经过二十多分钟的混战，1排的其他战士们都已经牺牲了。日军士兵涌上来围住了于勇，于勇毅然拔出了腰间的手榴弹，拉出了拉火，"轰隆"一声，跟敌人同归于尽！

晚上，3团长邱蔚又重新部署了部队，命令2营7连攻击这个大院的东大门，9连和12连分别攻击西北角和西南角敌人的碉堡。

趁着天黑，战斗又一次打响了。7连迅速炸开了东大门，抢占了东南角的敌人碉堡。9连也炸塌了围墙，夺取了西南角敌人的碉堡。

12连负责攻击的西北角碉堡最难打。这个碉堡高十多米，日军从碉堡里用轻重机枪向外猛烈扫射。12连的战士们把几架梯子绑在一起，前仆后继地抬着梯子冲向敌人，终于把梯子靠在了碉堡上。突击手王周庆身背一捆手榴弹，勇猛地登上梯子，就在他即将接近碉堡射击口时，鬼子射出的子弹击中了他，王周庆歪倒在梯子上壮烈牺牲。

指导员黄禄一把推开战士们，背上一捆手榴弹飞速登上梯子，又取下王周庆身上的手榴弹，一共20多颗，一拉拉火，塞进了碉堡，然后飞身跳下了梯子。伴随着"轰隆"一声巨响，碉堡里边的敌人全部被炸死。

甲田带领20多个日军守卫在东北角的碉堡里，疯狂地向八路军施放毒气。3团的很多战士昏倒在地上，攻击只好暂时停止。

战斗持续到9月25日，甲田已经没有了毒气，战斗也无法再打下去了，他只好把残余的日军士兵召集到唯一的碉堡里，希望能够支撑到援兵到来。

碉堡内最底层的一间房子里，地上铺满了干草，干草上躺满了伤兵。这些伤兵，有的在痛苦地呻吟着，也有的像是受了巨大的刺激，神经质地又哭又笑，还有的伤痛得昏迷了过去。

忽然，一个受了重伤的伤兵歇斯底里地大喊着："我为什么要到中国来？我为什么要来送死？把我的骨灰送回日本去吧！求求你们了！"

甲田提着战刀，走到重伤兵跟前，大声地训斥着："混蛋！这是什么时候？你敢蛊惑军心，死拉死拉地有！"说完，一刀砍了下去。污秽不堪的房子里顿时溅起一道血光，传出一声撕心裂肺的叫声。

这时，碉堡外面又响起了猛烈的枪炮声，一个日本兵跑了进来，大声喊着："援兵不会来了，八路又进攻了，很多人从梯子上快爬进来了！"

甲田看到已经没有任何弹药了，他们不可能再抵抗下去了。最后的时刻终于到来了，他要为天皇陛下尽忠。他命令把碉堡内的粮食、衣被等堆在一起，浇上汽油点火，大火立即燃烧了起来，甲田大喊着："天皇陛下万岁！"首先跳进了火海，其他的日军士兵也跟着跳了进去。至此，东团堡的敌人终于被全部消灭。

随后，杨成武又指挥部队攻克了涞源外围据点金家井、北石佛、张家峪。萧克也率领冀热察挺进军9团攻克了蔚县所属的桃花堡、白乐站和吉家庄等敌人据点。

驻蒙军司令官冈部直三郎中将在接到涞源小柴俊男的求救电报后，急令独立混成第2旅团旅团长人见与一把调往包头、固阳一带的两个骑兵大队和炮兵部队调回来防守涞源，又从大同的第26师团抽调了一部分兵力加强人见与一的第2旅团。

▲战士们在内长城烽火台上欢呼胜利

人见与一把自己的指挥部设在蔚县后，立即指挥所属的5000多人向杨成武杀来。

得知日军气势汹汹地杀来，杨成武马上指挥军区特务营和20团伏击敌人的先头部队。但敌人人多势众，武器精良，再加上有大批坦克和飞机的掩护，又重新占据了三甲村、东团堡等据点。

9月28日，日军3000多人又进驻了涞源县城。

晋察冀军区司令员聂荣臻得到杨成武的报告后，决定不再攻打涞源，命令杨成武迅速向涞源以西的灵丘、浑源方向转移，又命令邓华的左翼纵队迅速向灵丘发动攻势。邓华接到命令后，立即命令 2 团向平型关方向前进。驻灵丘的日军独立第 12 联队联队长坂本吉太郎大佐得到消息后，赶紧命令驻守在灵丘、古子河、南坡头等据点的第二大队出兵阻击。

10 月 8 日拂晓，日军第二大队数百人向平型关以北十公里处的太安岭 2 团山头阵地发起了攻击。2 团凭借着有利的地形，接连打退敌人的十几次冲锋。战斗进行到黄昏，敌人也未能冲上山头。邓华乘来增援的敌人被 2 团阻击在太安岭之机，指挥 1 团、6 团分别攻取了南坡头、枪风岭等敌人据点，歼敌数十人。

10 月 9 日，邓华又指挥部队攻克了青磁窑的敌人据点。至此，灵丘外围敌人的据点接连被邓华部队攻克。

为了配合军区主力部队在涞源、灵丘方面的作战，冀中军区司令员吕正操按照聂荣臻的命令，发起了任丘、河间、大城、肃宁战役。

吕正操首先命令第六、第七、第十这三个分区部队再配以主力 18 团、23 团、30 团的一部分，由第八分区司令员常德善、政委王远音等人指挥，向津浦、沧石、北宁三条铁路线上敌人的据点发起进攻，连克泊镇、文庙、张庄、子牙、王口等据点。

10 月 10 日，23 团主力秘密进入河间李虎村一带，伏击敌人近百人。30 团则在大城与子牙河一线，连克刘庄、藏庄子、石疙瘩三个据点，歼灭日军 100 多人。与此同时，18 团连克任丘的东固贤据点、肃宁的良村据点。

冀中军区在第二阶段战役中，共歼灭日、伪军 1500 多人，缴获枪支 500 多支，破坏公路 150 多公里，摧毁敌人据点 29 个。

　　涞源、灵丘以南战斗也很激烈。八路军围困涞源时，阳泉、娘子关、井陉、定襄的日军曾经调集在一起，准备增援。但郭天民、熊伯涛指挥的 5 团和 19 团猛烈攻击这股敌人，打得敌人又逃回原来的据点。

　　八路军在五台县，还攻克了少军梁、回龙梁、阎家岭等据点；在完县、唐县、曲阳、满城、定县、望都等地接连破袭平汉铁路。

　　八路军的全线出击，使日军各方面告急。华北派遣军司令官多田骏赶忙命令驻蒙军下属的大同第 26 师团向南支援灵丘。日军第 26 师团抽调了 1000 余人，乘 70 多辆汽车南下，与驻守在浑源的日军独立步兵 12 联队会合，共同大举攻击邓华的部队。

　　鉴于此种情况，聂荣臻命令邓华部队迅速撤出战斗。至此，整个涞灵战役结束。

▲涞灵战役经过要图（2014 年 11 月 19 日作者摄于百团大战纪念馆。）

榆辽战役

百团大战第二阶段战役的另一个重点，就是榆辽战役。

129师的任务是攻占榆社和辽县等敌人的据点。刘伯承和邓小平按照八路军总部的命令给部队作了具体部署：以386旅和决死一纵队的25团和38团为左集团，由陈赓负责指挥，主攻榆社及榆辽线上的沿毕、王景等据点；以385旅及新11旅的32团为右集团，由陈锡联负责指挥，主攻榆（社）、辽（县）公路东段的管头、小峪等据点，再进一步攻占辽县。

范子侠率领新10旅在辽县到和顺之间的公路上，牵制昔阳、和顺等地南援辽县的敌人；太岳军区的17团和57团组成沁北支队，破袭沁县南北交通线，掩护主力在榆（社）、辽（县）公路上进行作战。

左集团所要攻占的榆社、沿毕、王景三个据点，是由日军第4独立混成旅团的板津大队所属藤本中队守卫的。藤本把100多人安排在沿毕和王景，自己则率领大部分兵力和伪军据守在榆社。他们凭借着东关的榆社中学和文庙等地坚固高大的建筑物和险要地形构筑了核心工事。

根据这一情况，陈赓命令周希汉率领386旅的772团、16团，加一门山炮，攻击榆社据点；自己率领决死一纵队的38

团、25 团去夺取沿毕和王景两个据点。

主攻沿毕的是 25 团。团长谢家庆命令 1 营担任主攻。

9 月 23 日晚，战斗打响后，1 营 1 连猛扑敌据点。不到一小时，接连突破敌人三道铁丝网，逼近外壕。该据点守敌 20 多人，以猛烈的火力阻击八路军的进攻。由于 1 连进攻受阻，而第二梯队又未能及时跟上，所以一夜也未能攻克。第二天晚上，谢家庆决定 3 营的三个连分两路攻击：1 连和 2 连由西北方向攻击，而 3 连则绕到敌人的后面进行袭击。

三个连的战士们趁着夜色，悄悄运动到敌人据点跟前。待敌人发觉时，战士们已经冲到了眼前。经过两个小时的激烈战斗，敌人的碉堡被炸毁，沿毕据点被攻克。

王景的守敌 70 多人，是沿毕守敌的三倍。主攻王景的是 38 团。团长苏鲁命令 3 营担任主攻。

9 月 23 日夜，3 营 1 连敢死队的八名勇士，连续用大铡刀砍断数道铁丝网，一直冲到日军碉堡前。但由于敌人火力非常凶狠，后续部队没能及时跟上，3 营虽经多次冲锋，均未能攻克王景据点。苏鲁立即召集 3 营干部进行商讨，决定一部分兵力由东佯攻，其余兵力集中起来重点攻击。

9 月 24 日晚上，佯攻部队首先发起攻击，等到敌人把注意力都集中在佯攻部队时，主攻部队突然杀到，敌人猝不及防。八路军战士们把大量的手榴弹和燃烧弹投进了敌人的碉堡，日军被当场炸死 30 多人，余下的也被大火烧死。就这样，王景据点也被攻破。

虽然沿毕、王景两个据点被攻破，但离此地十余公里的榆社仍处在紧张的战斗中，而且敌人有向榆社增派援兵的迹象。陈赓立即亲自赶往榆社。

陈赓到达榆社后，立即带领部队的干部们来到敌碉堡附近进行详细侦察。他们把敌人工事及各个射击口都认真地作了记录，并画出了详细的位置图。回到指挥所，陈赓对周希汉等指战员们进行了战前部署。

榆社城东部和西北角，有两个大碉堡控制着全局。因此，必须集中优势兵力，重点攻下这两个大碉堡。

陈赓命令 772 团主攻东门楼，16 团主攻西北角。接着，陈赓又再三交代："攻击开始后，炮楼各个射击口都要有火力进行压制，要明确分工，如果哪个敌人工事上的射击口射出了子弹，负责压制这个火力点的负责人就要按军法论处！"

周希汉问："旅长，我们什么时候开始攻击？"

陈赓说道："敌人总以为我们最爱在晚上进行攻击，所以晚上他们不敢睡觉。而到了白天，他们就开始放松，尤其是到了 16 时左右，是他们一天里最疲劳的时候，我们这个时候打他们，就能打他个冷不防。因此，今天 16 时开始攻击。希汉，你马上部署部队，用一小部分兵力监视敌人，其他指战员抓紧时间休息，迅速恢复体力。"

周希汉回答一声："是！"立刻返回了自己的部队。

9 月 24 日 15 时 30 分，所有的部队都进入了指定的位置。

16 时整，772 团火炮的第一发炮弹就击中了东门楼，紧跟着各种枪炮都响了起来，榆社城立刻被枪炮声和浓烟所笼罩。

不一会儿，几十把军号一起吹响，早就严阵以待的数千名八路军战士，在震天动地的"冲啊！""杀呀！"的喊声中，如潮水般地向敌人的碉堡冲去。

很快，东门楼就被 772 团占领，西北角的碉堡也被 16 团攻占。日军士兵纷纷退到了榆社中学的核心工事里去了。

榆社中学位于城东，这里三面是深沟，沟壁平滑无法攀登，敌人又在沟沿周围架起了几道铁丝网。在校园内，敌人又构筑了八个碉堡，相互可以支援。这里确实是个易守难攻的地方。陈赓和周希汉带领部队来到这里，立即命令部队准备长梯、铡刀，做好强攻的准备。

战斗开始后，战士们扛着长梯攀登上了沟顶，16团5连1排排长率领着突击队，一连砍断了五道铁丝网，冲入敌人的碉堡群中。他们把集束手榴弹投向敌人的碉堡，两个碉堡接连被炸毁。

此时，院子当中最大的一个碉堡里，施放出了滚滚浓烟。烟雾顺着风势，吹向了正在冲锋的八路军战士们。大家立刻感到胸闷、头晕。

不好，敌人又在施放毒气。陈赓、周希汉等很多指战员都中了毒，部队只好暂时停止攻击。

面对这样的状况，陈赓想：敌人的碉堡高大坚固，而山炮又没有了炮弹，如果硬拼，我们不但会受到敌人枪炮的阻击，而且还会继续中敌人的毒气。有什么更好的办法能够消灭敌人呢？突然，陈赓想起了一个好主意。对！在深沟里挖一条地道，直通到敌人的脚底下，然后用火药爆破。大家听了都非常高兴，称赞这是一个好办法。周希汉立即组织一部分兵力继续袭扰敌人，另一部分迅速挖地道。

这里的黄土很好挖。战士们用了将近一天的时间，就把地道挖好了。战士们把炸药装在一口棺材里，把棺材放到敌人的碉堡下面，然后堵死了地道。

9月25日16时15分，陈赓一声令下："点火！"两分钟后，榆社城猛地一震，接着是一阵沉雷般的轰鸣，高大的碉堡顿时塌了下来。

谢家庆带领2营的战士与从碉堡里跑出来的鬼子展开了肉搏战；772团的两个营也杀进了院子里，随后16团的3营也杀了进来，一千多把刺刀杀得敌人鬼哭狼嚎。

榆社终于被八路军占领了。

▲榆社战斗结束后，陈赓穿着缴获的日军军
服，拿着日军军刀与周希汉等在战地合影。

就在陈赓带着 386 旅攻打榆社的同时，陈锡联率领的 385
旅也正在攻打榆辽公路上的各个据点。

经过两天的奋战，14 团首先夺取了榆辽公路东段的小岭
底据点，全歼守敌日军独立混成旅第 4 旅团第十三大队第一中
队的芦传小队。13 团也夺得了铺口据点，全歼了十三大队第
二中队的池田小队。

这条公路上的管头据点，盘踞着第十三大队的一个中队。
敌人施放大量的毒气，致使我八路军多人中毒。但 13 团的战
士们继续英勇杀敌，打得敌人狼狈逃窜。

为了尽快攻克辽县，刘、邓首长从 9 月 27 日起，就把指挥所移到了离辽县很近的炭窑沟来，同时命令陈赓带领 386 旅向辽县集中，命令陈锡联带领 385 旅先攻克榆辽公路中敌人的大据点石匣，然后再与陈赓会合，共同攻击辽县。

陈锡联接到命令后，立即率领主力 769 团赶往石匣，并迅速制定了作战方案。

石匣村靠近辽县，距离辽县县城只有 11 公里。在石匣据点内，驻守着日军一个小队，大约有 80 人。石匣村的地势是北高南低，北面是高坡，南面是清漳河，榆辽公路从河上穿过。敌人的兵营就设在高坡的下面，并在公路旁筑有多座堡垒，兵营的四周架着三道铁丝网。

769 团团长郑仲国详细了解了敌情之后，立即命令 3 营主攻，2 营为预备队，1 营在左翼警戒掩护。

9 月 27 日天刚亮，3 营就开始了攻击石匣村的战斗。下午，3 营战士准备冲进兵营时，敌人开始施放大量毒气，很多战士因中毒气而无法继续战斗。

这时，陈锡联和郑仲国来到了前沿阵地，一面重新部署部队，一面火速调旅部的特务连到前线来。

27 日黄昏，郑仲国再次下令开始攻击。3 营立即以两个连的兵力从正面成两路包抄队形冲了过去，另一个连在左侧以猛烈的机枪火力压制住敌人的火力，特务连从村东打穿屋墙，直逼敌据点。

769 团以猛烈的火力射击敌人，把手榴弹接连投进敌人的碉堡里，炸得日军血肉横飞。

战斗一直进行到夜里 23 时，石匣据点终于被攻克。

石匣刚刚被攻破，陈赓带领着 386 旅也赶到了石匣。385 旅和 386 旅这两个 129 师的主力部队会合在一起，准备开始联手攻击辽县。

通讯科长跑来，边掏出一份电报，边向两位旅长报告说："报告，师部来了命令，要我们立即退回到讲堂镇待命。"陈赓和陈锡联一听就知道，一定是敌情有了重大的变化。陈赓接过通讯科长手里的电报，只见上面写道：

"日军独立混成旅第 4 旅团第十二大队 600 余人，正在经榆社东援辽县，你部应迅速停止攻击辽县，在红崖头、关帝垴伏击这股敌人。"

大敌当前，分秒必争。

陈锡联对陈赓说："老陈，你就指挥吧，怎么打？"

陈赓想了想，立即命令 772 团、25 团、38 团、769 团、14 团跑步进入红崖头、关帝垴伏击阵地。五个团的战士们立刻甩掉身上的背包，轻装上阵，跑步向红崖头和关帝垴方向冲去。

日军行动也不慢。八路军经过一夜急行军到达伏击阵地时，日军刚刚穿过伏击阵地。周希汉立即命令部队从后面向敌人发起冲锋。日军一见八路军从背后杀来，立即抢占山头，以图凭险顽抗。

陈赓命令 772 团："把山头拿下来！" 772 团立刻冲上了山头，把立脚未稳的敌人又打下了山头。

这时，五个团的八路军全部赶到。陈赓决心把面前这些敌人全部吃掉。他立即命令部队包围敌人，并向敌人展开了猛攻。

战斗一直持续到 10 月 1 日黄昏，敌人受到重大创伤。

陈赓又接到电报，说是辽县敌人纠集了 400 多人前来接应，前锋已经到了陈锡联的指挥部附近。

鉴于敌情又发生了重大变化，经过刘伯承、邓小平及彭德怀的批准，陈赓命令所有部队立刻停止战斗，撤出战场。

榆辽战役就此结束。

百团大战的第二阶段，120 师也是战果累累。358 旅和独立 1 旅东进同蒲线。358 旅在黄松沟歼敌 100 余人；359 旅和决死第二纵队夜袭高占村据点，打死打伤敌人数十人；独立 1 旅在上庄打死打伤敌人 200 余人；新军暂 1 师也袭击了岚县等敌人据点。

据统计，120 师在第二阶段的作战中，共打仗 55 次，打死打伤敌人 1700 多人，破坏铁路 60 多公里、公路 100 多公里，炸掉了铁路、公路桥梁 12 座，缴获了许多枪支子弹和军需品，有力地牵制住了同蒲线上的日军，支援了 129 师在榆、辽公路上的作战和晋察冀军区在涞、灵地区的作战。

129 师所属的冀南军区部队，在司令员陈再道和政委宋任穷的指挥下，同晋察冀军区所属的冀中军区部队协同作战，对德石铁路实行了大破袭。其中，冀南军区部队旅长徐深吉和政委吴富善率领的新 4 旅，旅长易良品和政委文建武率领的新 7 旅，旅长张维翰和政委萧永智率领的新 8 旅，旅长尹先炳和政委黄振堂率领的新 11 旅等部队，在平汉线上大举进攻敌人，攻克了敌人许多据点，炸毁桥梁多处，捣毁路基 100 多公里。

旅长韦杰和政委唐天际率领的 129 师新编第 1 旅，破袭了平汉线和长治至潞城的公路，袭击了长治敌人的机场，攻占了漳源镇敌人的据点，歼灭了日军一个中队。旅长范子侠和政委赖际发率领的 129 师新编第 10 旅，在辽县、和顺一线连续发动进攻，攻克敌人碉堡三个。

在山东，115 师在罗荣桓的指挥下，破袭津浦路，攻克了日军在鲁南、鲁西北的许多据点。山东纵队在张经武、黎玉的指挥下，破袭了胶济铁路，拔除了日军在胶东、胶北的许多据点。

从 9 月 22 日到 10 月 10 日，百团大战第二阶段历时 19 天，又一次获得了辉煌战果，给予日军以沉重的打击。

根据第二阶段的战况，八路军总部决定，第二阶段之作战基本结束：

聂、贺、关、刘、邓、吕、程、孙并告徐、朱、陈、罗、杨、崔并报军委：

（一）百团大战第二阶段之作战从上月廿号开始，已历旬日。我 120 师破击同蒲路北段，晋察冀军区进击涞源地区，129 师进击榆辽地区，基本上均已取得胜利（胜利统计后告）。并在连续克复许多据点中，提高了部队克复据点之信心，锻炼了部队克复据点之艺术，使敌陷入被动地位，各方增援应付我军，现以敌增援过众，我军力量阻挡（相当）疲劳，暂难继续发展。决定第二阶段作战即开始基本上结束，但在某些地区如能继续扩大战果，则应继续作战。

（二）战役结束后，各兵团则应适当集结主力，进行战后整理，努力整训培养体力，总结百团大战经验教训，准备结冰以前再进行一次大规模之交通破击战。但各个区域均应以有力部队领导地方武装积极开展游击战争，特别是在已被我破击之各交通线上阻敌修路和掩护主力休息。

（三）根据百团大战初步总结之经验教训，必须指出：

1. 敌控制山岳地带是有坚定决心的，我必须拔除之据点之作战（如晋西北之岚县、静乐，晋察冀边区之涞源、灵丘，晋东南之榆辽和等地）就必须同时在敌之主要交通命脉管上大规模之破击，使敌无法增援山地。

2. 我军之顽强性白刃博斗之精神仍不够发扬，在战术上战斗发起之突然性，运动与火力之配合以及冲锋艺术等。据点仍多（注：原文如此）在部队集结休整中，应加强这方面之教育与锻炼为要。

朱、彭、左①

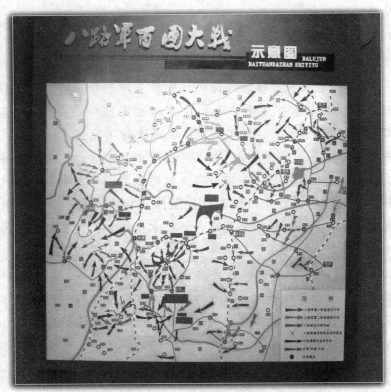

▲八路军百团大战示意图（2014年11月19日作者摄于百团大战纪念馆。）

---

① 中国人民革命军事博物馆《百团大战历史文献资料选编》编审组编：《百团大战历史文献资料选编》，解放军出版社1991年版，第51—52页。

实施反扫荡

在百团大战两个阶段的战斗中，八路军给了日本侵略军以沉重的打击。多田骏终于尝到了八路军铁拳的威力。

多田骏原以为，所谓八路军在华北的部队，只不过是一些小股的游击队借助青纱帐作掩护进行小范围的骚扰。华北没有多少八路军的大部队，不会对大日本皇军有什么太大的威胁。没想到，一个多月来，八路军百余个团搞得整个华北多条铁路被毁，一半炮楼冒烟。在这一连串的打击下，他终于感到，需要对华北的八路军有重新的认识，而且必须要重新组织力量，对华北地区的八路军给予坚决打击。

多田骏立即调集了华北第一军下辖的第 36 师团、独立混成第 4 旅团和驻蒙军下辖的第 110 师团、独立混成第 15 旅团，共计 2 万余人，于 10 月 6 日开始，对太行、太岳军区进行大扫荡。

多田骏的计划是：独立混成第 4 旅团由阳泉南下，进攻辽县方向；第 36 师团从长治北上，也向辽县进发，造成南北夹击的态势，其目的是要找到彭德怀的八路军总部。第 110 师团和第 15 旅团由拒马河（在河北易县西北）向西南进攻，重点扫荡王快和阜平，力图捕捉到聂荣臻的晋察冀军区总部。

多田骏还向下属要求，这次作战的主要目的，不仅要消灭八路军正规部队，还要消灭根据地里的老百姓。他甚至向部队下了死命令：凡是敌人区域内的人，不问男女老幼，应全部杀死；所有房屋，应一律烧毁；所有粮秣，不能搬运的，亦一律烧毁；锅碗要一律打碎，并要一律埋死或投下毒药。这就是日军侵略中国所实行的野蛮的杀光、烧光、抢光的"三光"政策。这一政策，多田骏早在他任伪满洲国最高军事顾问时就曾经实行过。现在，多田骏决心制造更多的无人区，使八路军得不到民众的任何支持与帮助，更无法打游击战。

1940年10月6日，日军对华北地区开始进行大规模的扫荡。日军3000多人，在独立混成第4旅团旅团长片山省太郎的指挥下，从阳泉南下，直奔辽县、榆社和武乡三县而来。

这时，八路军总部和共产党北方局正驻在辽县的砖壁。彭德怀和左权得到消息后，命令所属部队立即做好反扫荡的准备。一般认为，百团大战由此进入第三阶段。刘伯承和邓小平得到消息后，也立刻给陈赓打电报，命令他带领386旅掩护各首脑机关转移。陈赓立即在东田、韩壁、北口台、南山台一带构筑了坚固的阵地。

10月14日，片山省太郎带领着部队，在三架飞机的掩护下，开始向386旅阵地进行攻击。陈赓率领战士们，接连打退了敌人几十次的冲锋，一直坚守了三天三夜，终于坚持到领导机关全部安全转移。

与此同时，新10旅在范子侠旅长的率领下，来到和顺至辽县公路上的弓家湾设下了埋伏，准备伏击日军的运输车队。这个运输车队是从阳泉开来的，车上装的都是军火和粮食。他们准备把这些东西给在武乡一带扫荡八路军的片山旅团送去。

一路上，汽车飞奔，没有受到任何袭击，车上的鬼子便得意忘形起来。他们想只要是大日本皇军全体出动，几个土八路早就吓得不知躲到哪儿去了。正当鬼子们兴高采烈的时候，汽车来到了弓家湾。突然，公路两侧飞出了一排排手榴弹，紧接着就是一阵机枪的吼叫声。

第一辆汽车被炸毁后堵在了公路上，其余的车辆只好都停了下来。鬼子纷纷跳下汽车，用汽车作掩体，向公路两侧射击。

新 10 旅的战士们一想起那么多无辜老百姓被这些野兽杀害，就仇恨满腔，他们拼命地向鬼子发起了冲锋。

▲ 华北抗日根据地军民反扫荡斗争形势图（2014 年 11 月 19 日作者摄于百团大战纪念馆。）

很快，这支运输队就被彻底消灭了。

片山省太郎的部队经过三天三夜的激战，也没能冲破陈赓的阻截，而现在又听到运输车队在中途已经被消灭的消息，片山气得大骂："八格牙鲁！八格牙鲁！"但是，不管他怎么生气，得不到军火和粮食补给的日军，就像是泄了气的皮球，只好灰溜溜地退回了阳泉。

鏖战关家垴

南下之敌刚刚被杀退，北上的日军第 36 师团冈崎大队约 500 人又从潞城向八路军总部包抄而来。

由于日军兵力不足，冈崎大队是由各单位临时抽调的士兵组织起来的，由第 36 步兵团参谋冈崎谦长步兵中佐带领。这些天来，冈崎大队日夜兼程地深入到崇山峻岭之中，东扑西找，不但没有找到八路军的主力，甚至连个拿枪的民兵也没找到。他一气之下，把怒火全部发泄到老百姓的头上。他带领日军所过之处，见人就杀，见房子就烧，奸淫妇女，抢掠财物，把一个又一个的村庄变成了废墟。漳河、沁河里漂浮着被杀害的无辜者尸体。

这一天，冈崎带着部队走得人困马乏，只好停下来休息。几个出去找水的士兵回来对冈崎报告说："前面有一个很细的山缝，八路军会不会躲在那里？"

敌人无意当中来到了八路军一个隐蔽的兵工厂。这个叫瓮圪廊的山口非常窄，只有一线天可以往里走。里面有一片叫黄烟洞的山谷。八路军东渡黄河后，朱总司令费尽心机、到处勘察，最终在这里创建了第一个兵工厂——水腰子兵工厂。这个兵工厂当时已经达到每个月能生产 400 支枪的水平，是八路军敌后抗战的重要武器基地。

　　这里地形十分隐蔽，敌人轻易发现不了，即使被敌人发现，也可以凭险据守。为了预防万一，彭德怀在这里特意安排了八路军总部直属特务团的一个连把守。其实，这里只要放上一个排，敌人就休想通过。但不知是什么原因，八路军的这个连已经主动撤离了这里。

　　于是，冈崎带着人马从一线天走进了瓮圪廊。

　　当彭德怀听到日军到了翁圪廊并没有遭到八路军的打击后，怒火冲天，当即下令严查擅离职守者，以军法论处。

　　其实，冈崎并不知道这里有八路军的兵工厂，也没有发现水腰子兵工厂，这主要是因为他们对当地的地形极不熟悉，且不敢离开地图上标有的路线太远。日军在离开瓮圪廊后，又窜到了左会、刘家咀地区。10月28日，冈崎大队来到了武乡县蟠龙镇关家垴附近，准备经武乡，前往沁县。恰巧，刚打完榆（社）辽（县）战役的八路军129师，此时就在蟠龙镇附近休整。彭德怀一看机会来了。

　　从百团大战开始，彭德怀就曾多次发出指示，要求在破路的同时，"特别应对出击或来援敌一个大队以内之兵力，集结最优势之兵力歼灭之"。现在，在129师的嘴边就有一只煮熟的鸭子——冈崎大队，决不能让它跑了！一定要消灭这股日军！

　　29日下午，彭德怀火速赶到了蟠龙镇石门村。当晚，便召集129师的师、旅干部布置了战斗任务：刘伯承和邓小平指挥385旅和新10旅的一部分兵力攻击关家垴的东北和东南；陈赓指挥386旅的一部分和决死一纵队的25团、38团的一部分进攻关家垴的西北；决死一纵队其余部队部署在关家垴的南面，准备由南向北攻；新10旅其余的部队部署在关家垴的西面；彭德怀亲自掌握129师直属山炮连。

　　发起攻击的时间定在30日凌晨3时。

关家垴位于太行山区的中心。它的南面十几公里处就是砖壁村，再往南是黎城，西面是王家峪，西南是武乡县，西北是榆社，北面是辽县。这里群山起伏，山势险峻，易守难攻。在关家垴的山顶部，还有一块小小的平地，很适合布兵设防。整个关家垴只有南坡比较平缓，能够进攻。坡上还有一个小村子，村子里的房子都是窑洞，一洞连着一洞。再往南又是一个高地，叫柳树垴。柳树垴的海拔高度比关家垴还要高，从柳树垴上可以用火力控制通往关家垴的一条小路。

日军发现被八路军包围后，立即抢占了关家垴，在各个险要地点都构筑了工事，并派兵占领了柳树垴。看来，他们要在这里固守待援。一场恶战就要在这里打响了！

左权考虑到，进攻路线只有南坡一条道，大部队施展不开，决定由八路军总部直属特务团首先发起攻击。他对特务团团长欧致富说："凌晨3时，你团2营向关家垴发起攻击，3营迅速插向关家垴和柳树垴的中间地带，将敌人拦腰截断，不能让敌人会合。柳树垴的敌人留给决死一纵队去消灭。其他两个营从西侧上去，防止敌人向西逃向武乡和沁县。"接着，他又解释道："为什么要选择在凌晨3时开始进攻呢？因为敌人刚刚构筑完工事，正是最疲劳的时候，也是他们睡得正香的时候，我们就是要趁敌人酣睡的时候偷袭。"

夜很深了，关家垴周围的八路军指战员都没有合眼，大家都在考虑如何才能打好这一仗。

彭德怀正在反复考虑着：敌人经常以大队为单位出来进行扫荡。敌人之所以这样嚣张，就是因为他们知道八路军没有多少重武器。如果我们不趁这次集中兵力狠狠地打击他，全歼这股敌人，以后敌人就会更加嚣张，出来扫荡就会更加频繁。如果我们这一次能够吃掉这股敌人，日军以后就不敢轻易地出来骚扰根据地了。即使出来，也不敢小股出动了，需要调集大批人马才敢行动，这样每次扫荡的时间间隔就会拉得更长一些。

刘伯承这时也在考虑着这场战斗怎么个打法。他在屋里走来走去，反复在想：日军已经抢占了有利地形，构筑了坚固的工事，又是居高临下，以逸待劳。而我军的进攻部队必须在狭窄的道路上冲锋，这样伤亡一定会不少，这场战斗会打得很艰苦。有没有更好的办法来打击敌人呢？

夜里，陈赓望着关家垴，心里也在想：在关家垴的西北方向，从日军防守的前沿到我军进攻出发阵地，虽然只有40米左右，但这条路是在陡峭的山坡上开凿出来的，只有几十厘米宽，只能容一个人通过。只要有一挺机枪架在路的那一头，就可以"一夫当关，万夫莫开"，这个仗到底应该怎么打呢？

夜里2时，特务团2营的战士们就在营长的带领下向关家垴山顶出发了。其他几个营也都进入了预定位置，只等2营拿下垴顶的机枪阵地，他们就开始行动。

凌晨3时，垴顶上的两个鬼子哨兵无精打采地来回巡视着。他们的长官一再嘱咐他们，千万不能打瞌睡，说不定什么时候八路军就会摸上来，但这两个哨兵实在太困了。就在他们迷迷糊糊的时候，两个黑影扑了过来，刺刀一闪，两个哨兵就无声无息地倒了下去。等到鬼子反应过来时，已经来不及了。几十颗手榴弹一起甩上了垴顶，鬼子还没有来得及开枪就被送上了西天。

2营长把手一挥，战士们迅速冲向各自的目标。日军终于支持不住，纷纷朝山下退去。

就在这同一时刻，欧致富指挥其他几个营，开始攻打半山腰小村子里的鬼子。这里的鬼子以窑洞为依托，构筑了完整而坚固的工事。每一个窑洞既可以独自成为一个火力点，又可以与其他的窑洞形成交叉的火力网，互相掩护，互相支援。同时，窑洞之间相连相通，配置火力非常方便。窑洞前还挖有防弹沟，如果手榴弹投不到窑洞口里，就会掉在沟里爆炸，不会有多大威胁。

战士们与敌人开始了一个窑洞一个窑洞的争夺，每攻占一个窑洞，都要付出巨大的代价。经过激烈战斗，只攻下一半的窑洞，部队也损失过半。

欧致富想，这样打下去很可能要把部队都赔上，必须立即停止攻击，重新研究新的攻击办法。

刘伯承和邓小平把指挥所设在了离关家垴不远的一条山坳里，伪装得很巧妙。山凹进去是一个深洞，山凹外面野草覆盖。他们在这里指挥 385 旅和新 10 旅，也按时向关家垴发起了攻击。

385 旅 769 团的两个营，沿关家垴北侧村子杨李枝由北向南攻击。由于上山道路狭窄，攻击部队只能分为若干批次，轮番向上进攻。虽说每一次进攻都更加勇猛，但却没有多大成效。

天亮了，彭德怀在指挥所里再也待不住了。他来到了距关家垴山顶只有 500 米的地方，手拿着望远镜，脚蹬着战壕的边沿，不断向关家垴方向瞭望，战地记者徐萧冰及时拍下了这个历史镜头。

彭德怀看了一下表，下定了决心，一定要在日军增援部队到来之前拿下关家垴。于是，他命令部队："下午 4 时，发动总攻！"

下午 4 时整，总攻开始了。

▲彭德怀副总司令手拿着望远镜，脚蹬着
战壕的边沿，不断向关家垴方向瞭望。

　　陈赓指挥的 386 旅 772 团、16 团、38 团、25 团各以一个营的兵力，协同 385 旅的一部分，一起向关家垴上的敌人连续进行了 18 次攻击。敌人的一线阵地终于被八路军占领，而冈崎谦长步兵中佐也被落在近旁的一颗迫击炮弹炸死。

　　11 月 2 日上午，增援的日军已经逼近关家垴。日军这次是带着一决雌雄的决心来的。为了避免更大的伤亡，彭德怀决定部队迅速转移。

　　这次战斗，给日军以沉重的打击。冈崎大队大部分被歼灭。同时，八路军的攻击部队也付出了巨大的代价。

伟大的战役

1940 年下半年，日军接连败北的消息惊动了东京都，朝野上下无不为日军在华的失败而感到耻辱。日本天皇震怒了，接连召开了三次御前会议，称八路军发动的百团大战为"挖心战"，并把 8 月 20 日这一天定为"国耻日"。

各方面的电报不断地发到东京。日本本土的高层人士几乎是在电报中异口同声地责骂西尾寿造和坂垣征四郎。产业省来电指出，如果西尾和坂垣再无力扭转战局，他们将中止对日军的一切供应。言辞之激烈，令这两位侵华日军的最高首脑汗颜。他们感到奇怪，在华北驻有那么多的日军，为什么就不能抵挡住土八路的进攻呢？他们不能理解，多田骏这个曾经对付八路军非常有办法的人，为什么现在却无能为力了呢？

此刻，58 岁的多田骏在自己的办公室里，头脑十分混乱。他感到自己的前途不妙。他已经听到传闻，据说冈村宁次将要来取代他任华北方面军司令官，而他也可能还会升官，但那是一个没有实权的闲官。看来，天皇陛下不会再青睐他了。

多田骏现在不断地想，他有那么多的部队，所有的都是计划好了的，华北的治安环境也一直没有什么问题，是从哪里冒出来的一百多个团的八路军，使他损失惨重。多田骏望着作战地图上的华北这一片，看着他的部队被标注在地图上的一个一个、一片一片：第一军（司令官筱冢义男中将，参谋长田中隆吉少将）的三个师团和四个旅团，即第 36 师团、第 37 师团、第 41 师团，独立混成第 3 旅团、独立混成第 4 旅团、独立混成第 9 旅团、独立混成第 16 旅团。还有驻蒙军（司令官冈部直三郎中将，参谋长高桥茂寿庆少将）的一个师团和两个旅团，即第 26 师团，独立混成第 2 旅团、骑兵第 1 旅团。华北方面军直辖的两个师团和四个旅团，即第 27 师团、第 110 师团，独立混成第 1 旅团、独立混成第 7 旅团、独立混成第 8 旅团、独立混成第 15 旅团。此外还有华北的伪治安军、伪志愿军、伪蒙军、伪满洲军、伪冀东防共军、伪警备队、伪警察、伪宪兵及日寇特务机关和武装日侨等。

这么多的部队，竟然还是没有维持好华北的治安！多田骏生气地挠了挠他的秃顶，无可奈何地垂下了头。他在心里盘算着他的部队所遭受到的损失：遭受八路军百团大战打击最大者，是第 4 独立混成旅团，该旅团的德江、原田两个大队基本上被全部消灭，其余也损失过半。其次是第 36 师团的永野支队，被八路军歼灭大半，永野中秋中佐当场毙命。再次为第 9 旅团，该团的大府大队被八路军全部歼灭。第 36 师团、第 110 师团、第 27 师团均受到较为严重地打击；第 2、第 3、第 8、第 9、第 16 等独立混成旅团均损失较大。

对于八路军的百团大战，日本军方一直心有余悸。当时日本防卫厅战史室编写的《华北方面军作战记录》中对八路军发动的百团大战曾有如下记载：

盘踞华北一带的共军，根据第十八集团军总司令朱德的部署，发动了所谓百团大战。于昭和十五年（即 1940 年）八月二十日夜同时奇袭我交通线及生产基地（主要是矿山）。尤其在山西，其势甚猛。在袭击石太线及北同蒲线警备队的同时，又爆破和破坏铁路、桥梁及通讯设施。井陉煤矿等处设备被彻底破坏。这次奇袭完全出乎我军意料之外，损失重大，恢复建设需要相当时间与大量资金。①

对于八路军百团大战的进攻，日军不得不承认，虽然之前发现了一些征候，但其突然性实在是没有预料到。

关于共军进攻的征候：

在共军进行这次大进攻之前，日方并非没有得到其进行战前侦察、调动集结部队、筹集物资活动和居民逃亡等有关情报，但未将它看作是大进攻前的征候而予以应有的重视。日本方面没有想到中共力量已发展到如此地步，对中共实力的调查研究以及关于共军统一指挥大部队作战能力的情报收集工作都很不完善。另外，作为中共方面，不仅在这次攻击之前，而且在平时，总是极其巧妙地严密地隐蔽其行动企图，因而，使这次完全出乎日军意料之外的奇袭得以成功。

当时有关人士回忆说："事后想来，也确有征候。如果综合各方面的情况，也许能判断到中共的进攻。但当时的思想是轻率的。"从上级司令部到第一线警备部都是如此。②

在《华北方面军作战记录》中，日军还对八路军百团大战的破坏性作了如下记载：

共军第一次攻势以破坏交通、通讯为目标，同时为取得精神上的效果，在这些方面的破坏是相当严重的。十月十五日，华北方面军向陆军省提出的《破坏修复情况》报告书，有以

---

① 何理等选编：《百团大战史料》，人民出版社 1984 年版，第 407 页。
② 何理等选编：《百团大战史料》，人民出版社 1984 年版，第 411 页。

下叙述：

"破坏的中心是石太线。京汉线及北同蒲线各处也受到破坏，但运行未受障碍。京汉线从八月二十五日开始，大体按预定的行车计划作昼间运行。同蒲线也在九月八日全线通车，并以其运输能力之最大限度增加，弥补石太线的不足。石太线于九月二十日完成应急修复。

石太线被破坏之广泛及其规模之大，远非其他地方可比。共军以爆破、烧毁、破坏等手段，企图对桥梁、铁轨、通讯网、车站设备等重要工程进行彻底破坏；而当其实施以上计划时又巧妙地隐蔽企图，进行欺骗。其破坏的具体情况是：

一、破坏铁道于八月二十日夜半与袭击同时进行，到九月四日为止，在阳泉、寿阳间所进行的连续的、反复的应急修复施工，也受到共军的扰乱。

二、彻底的大破坏，特别严重的是芦家庄西面165公里及61公里处的构桁桥，其一被爆破塌陷后，又将桥梁各接合部进行了爆破；另一亦塌陷，修复同样困难。

三、破坏铁轨与袭击同时并进，延续了很长距离。主要是拔掉枕木，将铁轨排置其上，放火烧毁，使大部分不能重新使用；另一部分铁轨则利用居民搬往内地。

四、对于车站是烧毁站房，破坏水塔及运行时刻表。

五、对于通讯设备是砍断电杆、割断电线、破坏绝缘子，或将铁路电杆从中间烧弯曲。

六、关于爆破，从其实施效果判断，（共军）事前对干部等曾进行过相当教育。敌所用炸药大略计算，总量约为5460公斤。"[1]

---

① 何理等选编：《百团大战史料》，人民出版社1984年版，第426—428页。

《华北方面军作战记录》中对百团大战开始后，八路军部队进攻井陉煤矿的一些情况进行了专门的记载：

在独立混成第八旅团警备地区的井陉煤矿，于八月二十日夜受到敌内外夹攻，设备被彻底破坏。①

……

一、井陉新矿情况

井陉新矿在老矿以北约 1500 米处。当时虽有约一个分队担任警备，但因遭到约 1000 名优势共军的攻击，众寡不敌，全矿陷入敌手。各种重要设施被放火烧毁，受到相当严重的破坏。（注：共军利用矿内之通匪者切断电网电流，即由此进入。）

二、井陉老矿情况

老矿与新矿同时受到优势共军的袭击。但警备中队长以下努力奋战，固守阵地。该警备队虽也了解新矿之苦境，却未能采取救援措施。（注：因主力出动到深县方向，矿上只有一半警备兵力。）

三、阳井煤矿情况

阳井煤矿在老矿西南约 2000 米处，当时有一个步兵小队担任警备。从遭到优势共军袭击起，连续激战至二十一日早晨，确保了该矿完好。②

日本侵略者虽然遭到八路军百团大战的沉重打击，但却不会承认自己的失败，他们只承认自己受到了较大损失，并提出"对华应有再认识"。

百团大战期间，在整整三个月零十五天的日子里，八路军

① 何理等选编：《百团大战史料》，人民出版社 1984 年版，第 412 页。
② 何理等选编：《百团大战史料》，人民出版社 1984 年版，第 423—424 页。

所有参战的部队，都是在极为困难的条件下与敌人进行着殊死搏斗。他们往往很长时间得不到粮食和武器弹药的补给，不少部队经常很多天吃不上一顿饱饭，甚至一连十几天都得不到休息，其艰难困苦可想而知。但全军将士能够万众一心，最大限度地发挥战斗热情，以大无畏的革命精神和战胜一切困难的英勇气概，英勇杀敌，为争取完成百团大战的作战计划而努力奋战。

百团大战总计进行了大小战斗 1824 次。八路军付出了不小的代价，不少优秀的中国共产党党员、牺盟会会员，负伤、中毒或流尽了他们的最后一滴血。

据第十八集团军总司令部野战政治部 1940 年 12 月 10 日统计，在百团大战中，八路军取得的主要战果有：共打死打伤日军 20645 人，其中大队长以上军官 18 人，俘虏 281 人（内有副大队长山西绥清、中队长田木石野和小队长木岛等 8 人）；俘虏武装日侨 56 人；共打死打伤伪军 5155 人，俘虏 18407 人。

共拔除敌人据点 2993 个，其中最大最险要者是：正太铁路上的娘子关、磨河滩、莒家庄、马首、狼峪、乏驴岭、北峪乱柳；晋东南的榆社、箭头、石岭、平西北面的龙门所；冀东的蓟县、官屯；晋察冀辖区的上社、拘兴、西烟、东团堡、三甲村；冀中的于乐镇、白洋桥、东西安；晋西北的杨方口、塑口镇、轩岗、康家会；冀南的隆平、大城村等。

这些据点虽然有的得而复失，但大部分都处在八路军的控制之下，从而缩小了敌占区，扩大了解放区。

此外，还缴获了大批的武器弹药、交通器材及军用品等。

缴获的武器有：步枪 5437 支、手枪 281 支、轻机枪 179 挺，野炮 3 门，大炮 16 门、平射炮 8 门、迫击炮 26 门，信号枪 41 支，军刀 191 把，瓦斯筒 234 个，各种炮弹 816 枚、机枪子弹 367005 发，手榴弹 4934 枚、掷弹筒炮弹 3073 发，击落敌机 6 架，击毁装甲车 13 辆、坦克 5 辆。

缴获的交通器材有：汽车 98 辆、大车 1148 辆、自行车 591 辆、救火车 34 辆、火车头 34 个、火车车厢 449 节、无线电台 30 架、袖珍无线电台 7 架、无线电话机 8 架、有线电话机 246 架、收音机 2 部、探照灯 1 架、降落伞 29 具、船 61 艘、汽艇 25 艘。

破坏交通情况：破坏铁路 948 里、公路 3304 里、桥梁 213 座、火车站 37 个、隧道 11 个、铁轨 217040 根、枕木 1549117 根、电线杆 109002 根，收获电话线 849923 斤。

缴获军用品有：防毒面具 1051 个、工作器具 11944 件、地雷 992 个、军毯 15900 床、大衣 5700 件、皮鞋 9831 双、皮靴 29 双、军帽 5801 顶、钢盔 2157 顶、军用地图 53 幅、日伪军旗 250 面、文件百余箱。

缴获骡马 1510 匹、军犬 29 只、军用鸽 57 只。

日军投诚人员 47 人，伪军投诚人员 1845 人。

解救煤矿工人 10120 人、铁路工人 2055 人。

在百团大战中，八路军晋察冀军区第二军分区 19 团团长李和辉、129 师决死第三纵队政委董天知、120 师 358 旅 7 团参谋长吴子杰及其他指战员千余人，为了中华民族的解放而光荣地流尽了最后一滴血；129 师 385 旅旅长陈锡联、政委谢富治、旅政治部主任卢仁灿，新编 10 旅旅长范子侠、副旅长汪乃贵及其他官兵 4000 余人负伤或中毒。

在百团大战中，华北的广大民众积极行动起来，配合和支援八路军作战。据粗略统计，华北根据地有上百万群众参加了百团大战。除破路外，还有许多民兵也参加了部队的各种战斗。无数的群众参加了运送粮草、封锁消息、救治伤员、盘查奸细等形式的斗争。

▲ 百团大战中 129 师牺牲的连以上干部
　 烈士芳名录（2014 年 11 月 19 日作者
　 摄于百团大战纪念馆。）

据统计，仅太行根据地的第二专区，就曾出动了七万多民工，征调了驴、马、骡、牛等大牲畜 4550 头，为部队运送了 410 万公斤的粮食、1 万余公斤的蔬菜、1000 多只羊、50 余万公斤的柴草和 3 万双军鞋。

小孩子们都端着红缨枪站岗放哨，为八路军传递消息；老太太和姑娘、媳妇们不但为部队做军鞋、磨面粉、看护伤员，还组织了担架队到火线上运送伤员。

寿阳县景上村自卫队员王婵余等三位老太太，都是近 60 岁的人了，在火线上还是冒着敌人密集的火力抢救伤员，第一个上去牺牲了，第二个上去又牺牲了，直到第三个上去才把伤员抢救下来。

和顺县寺沟村的刘氏老大娘，在敌人逼近村庄仅二三里的紧急情况下，一连把七位伤员背进山沟里隐蔽起来，并细心周到地照料和护理他们。

百团大战之所以能取得如此巨大的胜利，最重要的一条，就是八路军有人民群众的支援。为什么人民群众那么相信八路军，支持八路军？就是因为"八路军是积极抗战的，自然会得到一切不愿当亡国奴的人们的拥护和爱戴。在整个抗日战争过程中，我们无论走到哪里，都受到群众的热烈欢迎，把我们看成是自己人，把我们当成主心骨。日本侵略军已经打到自己的家门口了！老百姓在家里睡觉都睡不安宁，有抗日的八路军在，他们就觉得有了依靠，用他们自己的话来说：'八路来了，我们吃饭也香，睡觉也甜。'"①

抗日根据地的八路军为什么能与人民群众保持鱼水的关系，做到亲密无间呢？就是中国共产党和八路军充分认识到："把人民群众充分发动起来，我们就有了赖以生存的基础，这就是我们从小到大，从弱到强，不断发展巩固的'奥秘'所在。"②

聂荣臻曾经回忆当时部队发动群众时的情景：

要把每一条山沟的工作做好。因为，山沟里的工作是很重要的，要开展游击战争，要进行反"扫荡"斗争，每一条山沟，都是我们的回旋之地，没有群众的支持，不用说别的，进山出山都十分困难。

我们进去以后，经过深入细致的发动群众工作，老百姓对我们很好。……反"扫荡"的时候，我带军区机关钻进那些深山沟，老百姓很热情，他们说："我们也是中国人呀！以前哪朝哪代的政府都不把我们当人看，只有八路军来了，才有了

---

① 聂荣臻：《聂荣臻回忆录》，解放军出版社 2007 年版，第 325 页。
② 聂荣臻：《聂荣臻回忆录》，解放军出版社 2007 年版，第 324 页。

做人的资格。"

由于紧紧地把握住了发动群众这一条，我们不仅在山地站住了脚，而且在平原地区扎下了根。冀西、冀中、平西、平北、冀东，几个地区连成一片，相互支援，互为依托。山地是后方，平原是粮仓。平原上的斗争不好坚持的时候，部队可以撤到山岳地区休整；山地需要粮食和布匹的供应，平原地区给予大力支援。

冀中群众给山地军民送粮的场面，是很动人的，大车拉，小车推，扁担挑，趁着黑夜，穿过敌人的封锁线、封锁沟，把粮食运到山区。这感人的场面，是很让人心头发热的。

……

人民群众充分发动的结果，是边区建立了良好的社会秩序。汉奸、特务、土匪要想在根据地活动，是很困难的。因为，群众熟悉自己的村庄和邻里，谁个好谁个坏，大家都一清二楚，坏人是不能轻易活动的。如果来个生人，来来往往地活动，是逃不过群众的眼睛的。所以我常说，在抗日战争中，尽管我们处在敌人的封锁包围之中，甚至我们的司令部距敌人不过几十华里，尽管有许多战火纷飞的场面，但是，我们却有一种安全感。在群众的海洋里，安全得很啊！

有一段时间，军区领导机关驻唐县和家庄，中央分局在阜平易家庄，我每次去开会的时候，只带一个警卫员，我们一人一匹马，一天就跑到了。一路上毫无危险，走到哪里，哪里的老百姓都给我们烧水、指路，照顾得十分周到。

八路军英勇抗击侵略者，保护了人民，人民同样尽心尽力地保护我们。这就是经过发动群众，在军队和人民中间建立起来的鱼水关系。我们的军队是保护人民的钢铁长城，人民群众又为我们建造了一道十分安全的铜墙铁壁。①

聂荣臻还对当时八路军的许多方面作了回忆：

我曾担心过，深入到敌后，深入到山区，部队的供应可能是个大问题。这个看来无法解决的难题，也在人民群众充分发动起来之后，迎刃而解了。

晋察冀人民为我们提供了一个巨大而可靠的供给部。群众不仅供应部队吃的、穿的，还负责物资方面的储存和保护。例如，每年我们都通过边区政府，征集一大批公粮。这些公粮，需要多少仓库储存啊！在敌后，我们不可能建立这样多的大仓库，就是有能力建起来，还有敌人经常扫荡的问题。敌人对我们是恨之入骨的，扫荡时连我们修建的厕所都毁掉了，能允许你的仓库存在吗？部队整日要打游击，也不可能将长年的供应带在身上。怎么办？我们就是依靠群众解决了这个难题。每年征集的大批公粮，我们并不集中起来，就分片储存在某些村子里，部队来了就可以用，走到哪里，哪里都有我们的粮仓。部队每到一个村庄，不管是白天还是黑夜，只要找到粮秣主任，拿出边区政府发的粮票，就可以立刻得到所需要的粮食。部队单独活动的人员也是如此。如果哪个村庄支付的粮食超过所存的公粮数，政府再凭这些粮票从其他村庄输入补还。

至于公粮的安全问题，也不必担心。敌人的扫荡一开始，群众的第一件工作，便是保护公粮，坚壁清野，把公粮藏得严严实实。有史以来，军队的筹粮就是一个很大的问题，有句古语说："兵马未动，粮草先行。"我们在抗日战争中，就不需要"粮草先行"，到处都有我们的供给部，这是人民群众的一

---

① 聂荣臻：《聂荣臻回忆录》，解放军出版社 2007 年版，第 327—328 页。

大创造。

还有伤病员的医疗安置问题，也是战争中间必须解决的一个大问题。……抗战期间，情况大不相同了，军区和各军分区都有自己的医院，少数零星的伤病员无法送往医院的，距敌较远的村庄就是伤病员的临时医院，有高度觉悟的人民就是最好的护士和卫兵。人民群众像对待自己的儿女一样，照顾这些为他们流血受伤的英勇战士，不单为伤病员烧水做饭，有些群众经过简短的训练还能为伤病员包扎换药。伤病员在群众的掩护下，不必担心被敌人发现而遭受危险。

人民群众充分发动的结果，不仅使我们获得了生存的基础，而且还得到了补充和扩大部队的雄厚兵源。①

晋察冀人民的优秀子弟热烈参军的情形，在抗日战争中一直被传为佳话。有一首歌曲，歌颂了人民踊跃参加子弟兵的盛况，其中有两句是："母亲叫儿打东洋，妻子送郎上战场。"边区人民彻底打破了在旧社会流传多年的"好男不当兵，好铁不打钉"的观念，群众把参加子弟兵看成是极为光荣的事。每逢动员参军的时候，区村干部、共产党员都带领青年成批报名，被批准的青年，要戴大红花，骑高头大马，群众敲锣打鼓放鞭炮，为之送行。那个场面就像过节一样热闹。

由于各地的新战士大都是以县为单位集中的，以地方命名的团、营大批地涌进了子弟兵团。例如，在平山县曾经有过"平山团"，全团战士都是平山人民的子弟。在阜平、灵寿也成立过"阜平营""灵寿营"。在望都、唐县、五台、盂县，都曾在该地先行成立过地方的排、连、营、团，然后整队的编入子弟兵的行列。

---

① 聂荣臻：《聂荣臻回忆录》，解放军出版社 2007 年版，第 328—329 页。

······晋察冀人民认识到子弟兵团是自己的抗日武装，因而热烈地拥护子弟兵团，支持子弟兵团，同时积极地参加子弟兵团。①

在群众的支持下，我们从根据地到接敌区，还普遍建立了侦察网和警戒线，男女老幼都是我军的耳目。群众在各个山头和村庄之间，设置了各种报告敌情的联络信号，"消息树"就是其中的一种。各村自卫队、儿童团有组织地传递紧急信件，"鸡毛信"的故事，是当时很常见的事。每个村头、路口，抗日的群众还设置监视汉奸和坏分子的岗哨，盘查过往行人，没有路条，是不能通过的。

▲根据地的小儿童团员在站岗

---

① 聂荣臻：《聂荣臻回忆录》，解放军出版社 2007 年版，第 329—330 页。

　　一旦发现敌人出动，群众就通过情报网，迅速地从一个村庄传到另一个村庄，从一个山头传到另一个山头。我们电话站的电话员，可以据此将敌情及时地报告到各级领导机关。电话站也组成了一个网，每个站人数不多，十分机动灵活。在反"扫荡"当中，他们严密掌握敌情，甚至在山头上直接观察敌人的行动，用电话把敌情报告给领导机关，使我们能及时向恰当方向转移。等敌人快到跟前的时候，他们赶紧把电话机撤掉隐蔽起来，敌人一走，又把电话架起来，有力地保证了我们对敌情的了解和通信联络的畅通。①

　　平原上的战场建设也是很出色的。由于敌人进攻常使用汽车、装甲车、骑兵等快速部队，平原地形，有利于敌，不利于我。敌人占了城镇，即凭坚固的城墙据守，不利于我军攻取。为了长期坚持平原游击战争，冀中区军民曾发起破路、拆城、改造平原地形的运动。那是一个了不起的举动！

　　……在冀中，还有"行军百里无狗叫"的情形，冀中群众为使夜间活动的部队不被敌人发现，群众自动地把所有的狗都打死了。不是人民群众的充分发动，任何的强迫命令，都无法出现这样的奇迹。

　　总而言之，人民充分发动起来之后，我们在群众的海洋里，是如鱼得水，如虎添翼。而敌人呢，处处碰壁，处处困难，找不到向导，找不到粮食，找不到用具，想找一口锅做饭也不容易，就像一个既聋又瞎的人坠入了深渊。人民这样爱戴我们，这样仇视敌人，日本侵略军还有什么办法不失败呢！②

---

　　① 聂荣臻：《聂荣臻回忆录》，解放军出版社 2007 年版，第 331—332 页。
　　② 聂荣臻：《聂荣臻回忆录》，解放军出版社 2007 年版，第 332 页。

百团大战是抗日战争中一次伟大的胜利，这是无可辩驳的。但后来，却出现了对百团大战各种各样的评价，尤其是随着彭德怀在政治上的起起伏伏，评价百团大战的内容也层出不穷。有人说"百团大战是彭德怀擅自发动的，事前没有向中央军委报告"。当时亲自参加过百团大战的一些八路军的高级将领，后来也迫于政治压力，说了一些关于百团大战的违心的话。

对此，彭德怀曾经作了认真的回忆和说明：

但是，我在这个问题上是有错误的。这个错误主要表现在我对日军向我进攻的方向估计得不对。本来敌人准备进攻中原及打通粤汉路和湘桂路，而我以为（据我们情报工作者的报告）是要进攻西安，怕敌人进占西安后，截断中央（延安）同西南地区的联系（实际上这种顾虑是不必要的）；更没有估计到日本法西斯打通粤汉路，是为了便利进行太平洋战争。如果当时看破了敌人这样的战略企图，那就再熬上半年时间，或者等敌人进攻长沙、衡阳、桂林以后，兵力更加分散时，我军再举行这次大规模的破袭战役，其战果可能要大得多，其意义也要大得多。然而，是过早举行了那次战役。虽然在战役上取得了胜利，但是推迟了日军打通粤汉路和湘桂路的时间（约一个月时间），而减轻了当时日军对蒋介石的压力，在客观上是起了援助了蒋介石的作用。

这次破袭战役迫使日军从华东、华中调回一个师团的兵力，加强了对我华北根据地之进攻。特别是太行山区，在敌人的"三光"政策下（这个杀光、烧光、抢光的三光政策，是在一九三九年夏就提出的），人民遭受了一些可以避免的损失。再者，破袭战役后期，我也有些蛮干地指挥。此役在太行山区破袭时间搞的太长了一些，连续搞了一个月，没有争取时间休整，敌伪军即行扫荡。在敌军扫荡时，日军一般的一个加强营附以伪军为一路。我总想寻机歼灭敌军一路，使敌下次扫荡不敢以营为一路，以使其扫荡的时间间隔扩大，有利于我军民机动。我这一想法是不符合当时实际情况的。因部队太疲劳，使战斗力减弱了，使129师伤亡多了一些。

上面这些后果的责任，是应当由我来负的。但是我认为，对于这次战役的估价，不能离开当时我们所处的环境和当时担负的任务。如果抛开这些，而重于从另一方面来说"就是为了维护蒋介石的统治"，"就是资产阶级思想的战略方针"，我认为这样来分析和推论一次战役行动，是有点过分，因为当时战役的胜利，实际上比损失要大得多。

"文化大革命"中，有些人恶意攻击百团大战。他们说，皖南事变是因为百团大战暴露了力量，引起蒋介石的进攻。消灭新四军八九千人，这个罪责应该彭德怀负。好家伙，这些人是站在哪个阶级说话？真令人怀疑，他们根本不懂得历史。百团大战是蒋介石发动第一次反共高潮之后打的，而不是在第一次反共高潮之前打的，那么第一次反共高潮之前，是谁造成对八路军、新四军那样多的惨案呢？

甚至还有人说，日本投降后，蒋介石发动对人民解放区前所未有的进攻，也是由于百团大战暴露了力量，使蒋介石过早警惕。这些人是健忘呢，还是有意违反历史事实啊？一九二七年上海四一二事变和长沙的"马日事变"，这又是谁在预先暴露了力量呢？谁在四一二事变前打过百团大战呢？蒋介石打过十年内战，在十年内战爆发以前，又是谁打过百团大战呢？肯定回答，没有人打过百团大战。那么，蒋介石集团为什么要打十年内战呢？这是他这个集团代表地主买办资产阶级的本性决定的。他是一个反共反人民的代表集团，在抗日战争期间，尚且发动三次反共高潮；在抗日战争结束后，他有几百万军队，又有帝国主义援助，哪有不反共反人民的道理呢？哪有不进攻解放区的道理呢？

对百团大战的恶意攻击者，你们站到日本帝国主义和蒋介石集团的队伍里去了。请你们看上面毛主席给我的电报吧！你们的看法为什么和毛主席的看法那样不一致呢？你们不是站在讲演台上，用劲地叫喊打倒彭德怀吗？还喊打倒这，打倒那。你们想一下吧！你们自己呢？不是三五人坐在房间里闲谈，而是多少次在多少万人的群众大会上的演讲，放出来的毒嘛！

我认为百团大战在军事上是打得好的，特别是在打了反磨擦战役之后，必须打反日的百团大战，表示我们是为了抗日才反磨擦的。这才能争取广大的中间势力。在当时，只有抓住敌后的空虚，给以突然猛袭，才能有力地调动敌人，给予打击，恢复大片抗日根据地。在敌后碉堡密布的情况下，组织这样统一有计划的破袭，是不容易的。百团大战的胜利，对于揭露日、蒋各项欺骗宣传是有利和有力的，对于积蓄力量是非常必要的。如果当时还不给敌伪以必须和可能的打击，根据地就会变为游击区；我们就不会有近百万正规军、二百万基干民兵和广阔的解放区作为解放战争的战场，给进犯的蒋军以适时的打击。①

我们认为，百团大战发生在日本法西斯势力最为猖獗的时候，军事装备水平还不如半个世纪前八国联军的八路军，竟然敢于向处于顶级精锐的日军发起这样一次大规模的主动出击，

---

① 彭德怀：《彭德怀自述》，人民出版社 1981 年版，第 238—241 页。

仅凭这一点，百团大战就值得全体中国人民骄傲。

据说第二次世界大战时流亡英国的法国戴高乐将军听说了中国的百团大战，曾经感慨地说，如果法国军队能有中国八路军那样的勇气，法国绝对不会仅六个星期便被德国整个占领。

总而言之，1940 年 8 月在华北发生的那场百团大战，沉重地打击了日军的嚣张气焰和"囚笼"政策；打乱了日本法西斯对蒋介石的政治诱降和预备"南进"的战略部署；有力地驳斥了国民党顽固派散布的八路军"游而不击"之类的反共谣言，提高了共产党八路军的声望，鼓舞了全国军民抗战胜利的信心；在一定程度上抑制了国内的对日妥协投降的逆流；锻炼、提高了八路军的作战能力，并为八路军积累了有益的经验；支援和鼓舞了世界反法西斯战争，并向全世界展示了中华民族抵抗外族入侵的勇敢顽强的斗争精神。这些才是百团大战伟大之所在。

永远的纪念

1985 年，正值百团大战胜利 45 周年之际，为了永远牢记日本侵略者对中国人民的奴役和残害，永远缅怀在百团大战中英勇牺牲的八路军指战员，阳泉人民决定在狮脑山上修建百团大战纪念碑。

在阳泉市委、市政府以及山西省委、省政府的大力支持下，1985 年 9 月 3 日，纪念碑奠基；1986 年 4 月 5 日正式动工；1987 年 6 月 30 日，百团大战纪念碑建成，并举行了落成典礼。

阳泉市园林管理局在其所编写的《百团大战纪念册》中对百团大战纪念馆（碑）的建设作了简要介绍：

1940 年 8 月，在中华民族处于生死存亡的危急关头，为了粉碎日本侵略者的"囚笼"政策，中国共产党领导的八路军，在朱德总司令，彭德怀副总司令指挥下，于华北战场发起了规模空前的交通总破袭战，即名震中外的百团大战。

阳泉地处正太铁路中段，横跨晋察冀和晋冀鲁豫两大敌后抗日根据地。海拔 1160 米的狮脑山地势险要，为扼制阳泉之咽喉，是百团大战第一阶段主战场之一。为缅怀抗日英烈，激励后人，学习老一辈无产阶级革命家的革命精神，对广大人民进行爱国主义和革命英雄主义教育，开创新业，中共阳泉市委、阳泉市人民政府于 1985 年 4 月报请中共山西省委批准，决定在狮脑山兴建百团大战纪念碑。

百团大战纪念碑于 1985 年 9 月 3 日奠基，1986 年 4 月 5 日正式动工兴建，1987 年 6 月 30 日建成。纪念碑坐北朝南，从低到高，由主碑、三座副碑、一座大型圆雕、两座题字碑、烽火台、"长城"组成，整个建筑群占地 25 亩。最高处是一个巨大的三角平台，平台的中心高矗着大理石主碑，三角形角上各有一座副碑。主碑和三座副碑以及两座题字碑，组成了一个巨大的箭头，直指石太铁路，寓意当年百团大战以破袭正太（石太）铁路拉开序幕。主碑高 40 米，形如一把锋利的刺刀，她寓意着百团大战发生于 1940 年，象征着中华民族不畏强暴，威武不屈，抗击外敌的革命精神。三座副碑，形如军旗，象征着参加百团大战的八路军 129 师、120 师和晋察冀军区三支大军。三座副碑之间相距 105 米，寓意着参加战役的 105 个团。由三角形的平台往下，从第一座题字碑到主碑之间形成了三个阶梯，这寓意着百团大战经历的三个阶段。再往下沿东西两侧设有四个烽火台，由 227 米蜿蜒起伏的"长城"连接，这寓意着中国共产党领导的人民军队，是中华民族坚不可摧的钢铁长城。

主碑正面镌刻着彭真同志题词："战绩辉煌　永垂史册。"两侧分别为徐向前同志题词："参加百团大战的烈士们永垂不朽。"薄一波同志题词："百团大战，抗日战争中最光辉的一页，必将载诸史册，永放光芒。"第一座题字碑正面镌刻着"百团大战纪念碑"七个大字，由著名书法家沈鹏题写。背后刻着"百团大战示意图"。第二座题字碑的正反两面分别镌刻着中共阳泉市委、市人民政府撰写的《百团大战纪念碑记》和《狮脑山战斗纪略》。

碑群前面是一座大型锻铜圆雕——"奋起的母亲"，她象征着我们的祖国处于水深火热之中，正在奋起反抗，摆脱锁链。三座副碑上镶着六块巨大的锻铜浮雕，生动地反映了百团大战中军民"出击""破路""攻坚""支前""转移""胜利"的情景。

整个纪念碑建筑群，结构严谨，明快大方，采用众多的三角形结构，美观新颖，气势雄伟，威严壮观，反映了举世闻名的百团大战的宏伟气魄。

▲百团大战纪念馆全景

第一座题字碑正面镌刻着由著名书法家沈鹏题写的"百团大战纪念碑"七个大字。背后刻着"百团大战示意图"。

▲百团大战纪念碑（2014 年 11 月 19 日作者摄于狮脑山上。）

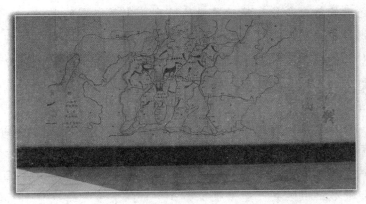

▲百团大战示意图（2014 年 11 月 19 日作者摄于狮脑山上。）

第二座题字碑的正面镌刻着《百团大战纪念碑记》：

1940 年，日本帝国主义加紧侵华，中华民族处于生死存亡的危急关头。中国共产党领导的八路军，为挽救时局，遏止投降逆流，粉碎日本侵略者的"囚笼"政策，在朱德总司令、彭德怀副总司令指挥下，于斯年 8 月在华北战场发起规模空前的交通总破击战，这就是名震中外的百团大战。

此次战役从 8 月 20 日开始，到 12 月 5 日结束。我先后共出动 105 个团，连同参战地方武装共计约 40 余万人，以正太路为破袭重点，在敌堡密布的 2500 余公里交通干线上，军民团结，历经大小战斗 1800 余次，共毙、伤、俘日伪军 44000 多人，克敌据点近 3000 个，破坏铁路 470 余公里，公路 1500 余公里，桥梁、车站、隧道 200 余处，并缴获大批武器装备。

阳泉地处正太铁路中段，横跨晋察冀和晋冀鲁豫两大敌后抗日根据地。狮脑山乃百团大战第一阶段主战场之一。在东起石家庄西至榆次的 215 公里铁路沿线，我晋察冀军区和八路军 129 师共投入 30 个团的兵力，彻底摧毁了日军的交通补给线，为之后的第二阶段和第三阶段的胜利奠定了坚实的基础。百团大战是中国共产党领导的八路军在抗日战争中一次大规模的正面对日作战，它沉重地打击了日本侵略者的嚣张气焰，有力地遏制了投降主义的漫延，极大地鼓舞了中国人民抵御外敌的必胜信念。

岁月沧桑，神州巨变。为纪念百团大战的伟大胜利，缅怀为国捐躯的抗日英烈，激励后人，开创新业，1985 年，时值世界人民反法西斯胜利 40 周年之际，经中国共产党山西省委员会批准，中国共产党阳泉市委员会、阳泉市人民政府于 1987 年 7 月，在狮脑山修建了百团大战纪念碑。1997 年被列入全国首批百家爱国主义教育示范基地之一。

2010 年 9 月，为纪念百团大战胜利 70 周年，中共阳泉市委、阳泉市人民政府，又重新修建了百团大战纪念馆，修缮了纪念广场和纪念碑。

▲百团大战纪念碑记（2014 年 11 月 19 日作者摄于狮脑山上。）

百团大战永载史册！

抗日英烈永垂不朽！

中国共产党阳泉市委员会

阳泉市人民政府

2010 年 9 月

第二座题字碑的背面，镌刻着《狮脑山战斗纪略》：

1940 年 8 月 20 日，朱德总司令、彭德怀副总司令指挥八路军 105 个团的英勇将士，同时向盘踞在华北各交通干线及两侧据点之日伪军发起猛烈攻击，震惊中外的百团大战拉开序幕。

狮脑山地势险要，为扼制阳泉之咽喉。八路军 129 师 385 旅 769 团和 14 团指战员奉刘伯承师长、邓小平政委之命，兵发狮脑山，掩护正太路上我 38 个团的交通破袭战。20 日晚，我军在旅长陈锡联、政治部主任卢仁灿的亲自指挥下，猝击阳泉守敌，日军仓皇应战，被我击退。21 日拂晓，敌始以密集炮火攻击，继以步兵冲锋，我军英勇抗击，致敌二次败北。是日十时，敌攻我侧翼，再次失利。日军三受挫，恼羞成怒，午后 3 时增兵 150 余众，采取分进合击之术，一部正面强攻，一部绕道西峪迂回，妄图使我腹背受敌。我 385 旅识破敌计，当即以 769 团 1、3 营和 14 团 3 营出其不意迎头痛击，陷偷袭之敌于三面包围之中，敌炮兵中队长中岛以下 40 余人毙命，其余狼狈逃窜。22 日，敌 200 余人利用炮火掩护，从燕子沟向我逼进，我军依托有利地形勇猛迎击，打退敌人第五次进攻。连遭惨局气急败坏的日军从 23 日起，纠集 800 余人倾巢而出，并在飞机大炮掩护下向我阵地发起强攻。我军指挥若定，奋力拼杀，连续两日多次挫敌。25 日，战斗更加激烈残酷，敌出动飞机 100 余架次，又以炮兵火力配合，弹落如雨，土焦石焚，我军工事被毁，敌人涌进阵地，我军健儿临危不惧，与敌白刃格斗，殊死相拼，致敌溃不成军，一败涂地。我英雄的769 团和 14 团指战员，血染疆场，坚守阵地，保证了我 129 师对正太路西段的大破击，使敌交通线陷入瘫痪。为扩大战果，拔除铁路沿线据点，我守军奉命于 26 日后陆续转移。敌又采取两路进攻，占领了山头小庙。担任掩护转移任务的 14 团 3营迅猛出击，冲向敌群，激战时许，杀退敌军，夺回小庙，胜利完成任务后，安全撤离阵地。

狮脑山激战七昼夜，阴雨连绵，给养继乏，艰苦卓绝，我军将士同仇敌忾，排除万难，舍生忘死，浴血奋战，先后共毙伤日伪军 400 余名，出色完成了掩护破击之任务。期间，阳泉矿工、周边乡村民兵和人民群众踊跃支前，运送粮食弹药，抢救护理伤员，提供了有力保证。此役再次证明，中国共产党领导的抗日军民不愧为时代先锋，民族精英，他们的光辉战绩与爱国精神将永远为后人敬仰与传颂。

巍巍狮脑镌刻英雄抗日志，滚滚桃河传颂先烈爱国情。

在狮脑山战斗中英勇献身的革命先烈永垂不朽！

中国共产党阳泉市委员会

阳泉市人民政府

2010 年 9 月

1995 年 8 月，为纪念抗日战争胜利 50 周年，中共阳泉市委、市政府又在狮脑山百团大战纪念碑建筑群的添翠楼建成了百团大战纪念馆。它分为上下两层，展厅面积 299.4 平方米，共展出实物 126 件，照片 138 幅。

▲狮脑山战斗纪略（2014 年 11 月 19 日作者摄于狮脑山上。）

▲陈锡联在百团大战纪念馆落成典礼上讲话

▲1995 年 8 月落成的百团大战纪念馆

2010 年，中共阳泉市委、市政府启动了狮脑山公园改扩建工程，并在百团大战纪念碑主碑以西约 400 米处新建 3232 平方米的新的百团大战纪念馆。新馆于 2010 年 4 月 30 日开工建设，至年底竣工。

新馆外部形体以"基石"为核心设计理念，寓意中国共产党领导的人民军队为抗日战争的胜利打下了坚实的基础，正如坚不可摧的基石，托起了中华民族威武不屈的脊梁。新馆用建筑内部空间来讲述百团大战故事，"集结""破袭""胜利"三大展厅，再现了百团大战的全过程。馆内分上下两层，一层展出 200 余幅珍贵照片、900 余件实物及档案等大量文史资料；二层充分运用声光电、全景画及大型沙石模型等手段展现狮脑山上的鏖战场景。

▲2010 年年底落成的新百团大战纪念馆（2014 年 11 月 19 日作者摄于狮脑山上。）

▲百团大战纪念馆内雕像（2014 年 11 月 19 日作者摄于百团大战纪念馆。）

▲彭真题词："战绩辉煌，永垂史册。"

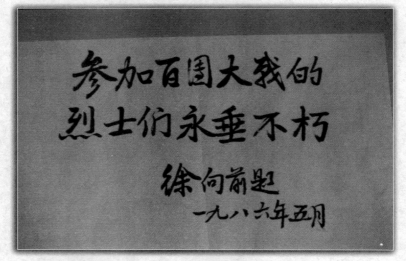

▲徐向前题词："参加百团大战的烈士们永垂不朽。"

1997 年 7 月，百团大战纪念馆（碑）被中共中央宣传部命名为全国首批"爱国主义教育示范基地"。

百团大战已经过去 75 年了，望着百团大战纪念馆里那一张张早已深刻在我们心中的老将军们熟悉的面孔，他们运筹帷幄、叱咤疆场的豪迈场景浮现在我们的眼前；看着那一张张记录着血雨腥风战斗场面的照片，八路军战士的冲锋号声，还有那扒铁轨、破公路的呐喊声一次次在我们耳边响起。

我们不会忘记，也不能忘记那些在战场上流尽了最后一滴鲜血的八路军指战员们，我们更不能忘记千百万华北人民、中国人民为抗日战争的胜利所作出的巨大贡献。

百团大战，那是昨天血与火的战斗留给今天，以至永恒的纪念！

参加百团大战的烈士们永垂不朽！

百团大战期间八路军参战部队战斗序列表

八路军总部：——————————————————— 特　务　团

——————————————————— 炮　兵　团

晋察冀军区：——————————————————— 教　导　团

——————————————————— 骑　兵　团

　第一军分区：——————————第一支队：————— 第　1　团

——————— 第　3　团

——————第五支队：————— 第　25　团

——————— 第　26　团

　第二军分区：——————————————————— 第　4　团

——————————————————— 第　19　团

　第三军分区：——————————————————— 第　2　团

——————————————————— 第　20　团

　第四军分区：——————————————————— 第　5　团

——————————————————— 特　务　团

　第五军分区：——————————————————— 第　6　团

——————————————————— 察绥支队

　冀察热辽挺进军：—————平西军分区：————— 第　7　团

——————— 第　9　团

——————平北军分区：————— 第　10　团

——————冀东军分区：————— 第　12　团

——————— 第　13　团

　冀中军区：——————————第六军分区：————— 第　1　团

——————— 第　2　团

——————第七军分区：————— 第　17　团

——————— 第　22　团

——————第八军分区：————— 第　23　团

——————— 第　30　团

——————第九军分区：————— 第　18　团

——————— 第　24　团

——————— 第　33　团

——————第十军分区：————— 第　27　团

——————— 第　29　团

——————— 第　32　团

——————南下支队：————— 第　16　团

——————— 第　21　团

——————回民支队：————— 两　个　团

——————— 骑兵第2团

——————— 教　导　团

——————津南自卫队：————— 两　个　团

第 129 师：————————————————————————————————骑　兵　团
　第 385 旅：————————————————————————————第　13　团
　　　　　　　　　　　　　　　　　　　　　　　　　第　14　团
　　　　　　　　　　　　　　　　　　　　　　　　　第　769　团

　第 129 师兼太行军区：　　　新编第 11 旅：————————第　31　团
　　　　　　　　　　　　　　　　　　　　　　　　　第　32　团
　　　　　　　　　　　　　　　　　　　　　　　　　第　33　团

　第 386 旅兼太岳军区：————————————————————独　立　团
　　　　　　　　　　　　　　　　　　　　　　　　　第　16　团
　　　　　　　　　　　　　　　　　　　　　　　　　第　17　团
　　　　　　　　　　　　　　　　　　　　　　　　　第　18　团
　　　　　　　　　　　　　　　　　　　　　　　　　第　772　团

　冀南军区：————————————新编第 7 旅：——————第　19　团
　　　　　　　　　　　　　　　　　　　　　　　　　第　20　团
　　　　　　　　　　　　　　　　　　　　　　　　　第　21　团

　　　　　　　　　　　　　　新编第 8 旅：——————第　22　团
　　　　　　　　　　　　　　　　　　　　　　　　　第　23　团
　　　　　　　　　　　　　　　　　　　　　　　　　第　24　团

　　　　　　　　　　　　　　新编第 9 旅：——————第　25　团
　　　　　　　　　　　　　　　　　　　　　　　　　第　26　团
　　　　　　　　　　　　　　　　　　　　　　　　　第　27　团

　新编第 1 旅：————————————————————————第　1　团
　　　　　　　　　　　　　　　　　　　　　　　　　第　2　团

　新编第 4 旅：————————————————————————第　10　团
　　　　　　　　　　　　　　　　　　　　　　　　　第　11　团
　　　　　　　　　　　　　　　　　　　　　　　　　第　771　团

　新编第 10 旅：———————————————————————第　28　团
　　　　　　　　　　　　　　　　　　　　　　　　　第　29　团
　　　　　　　　　　　　　　　　　　　　　　　　　第　30　团

　第 212 旅：—————————————————————————第　54　团
　　　　　　　　　　　　　　　　　　　　　　　　　第　55　团
　　　　　　　　　　　　　　　　　　　　　　　　　第　56　团

　决死队第一纵队：———————————————————第　25　团
　　　　　　　　　　　　　　　　　　　　　　　　　第　26　团
　　　　　　　　　　　　　　　　　　　　　　　　　第　38　团
　　　　　　　　　　　　　　　　　　　　　　　　　第　42　团
　　　　　　　　　　　　　　　　　　　　　　　　　第　57　团
　　　　　　　　　　　　　　　　　　　　　　　　　第　59　团

　决死队第三纵队：———————————————————第　7　团
　　　　　　　　　　　　　　　　　　　　　　　　　第　8　团
　　　　　　　　　　　　　　　　　　　　　　　　　第　9　团
　　　　　　　　　　　　　　　　　　　　　　　　　第　34　团
　　　　　　　　　　　　　　　　　　　　　　　　　其他 2 个团

第120师暨晋西北军区： ——————————————————— 特 务 团

第358旅兼第三军分区： ——————————————— 第 7 团

第 8 团

第 716 团

第359旅： ——————————————————————— 第 717 团

独立第1旅兼第四军分区： —— 独立第1旅： ——— 第 2 团

第 715 团

决死队第四纵队： —— 第 19 团

第 20 团

第 35 团

独立第1旅兼第二军分区： —— 独立第2旅： ——— 第 5 团

第 9 团

第 714 团

暂编第1师： ——— 第 36 团

第 37 团

决死队第二纵队兼第八军分区： —— 决死队第二纵队： — 第 4 团

第 5 团

第 6 团

工 卫 队： ——— 第 21 团

第 22 团

百团大战期间八路军参战部队团职以上
主要干部名单

八路军总部

朱　德	总司令
彭德怀	副总司令
叶剑英	参谋长
王稼祥	政治部主任
左　权	副参谋长兼前方总部参谋长
罗瑞卿	野战政治部主任
陆定一	野战政治部副主任
杨立三	后勤部部长兼政治委员
欧致富	八路军总部特务团团长
曹光琳	八路军总部特务团政治委员
陈　波	八路军总部特务团副团长
陈雪莲	八路军总部特务团参谋长
武　亭	八路军总部炮兵团团长
邱创成	八路军总部炮兵团政治委员

晋察冀军区

聂荣臻	司令员兼政治委员
聂鹤亭	参谋长
舒　同	政治部主任
唐延杰	副参谋长
朱良才	政治部副主任
杨成武	第一军分区司令员
高　鹏	第一军分区副司令员
黄寿发	第一军分区参谋长
罗元发	第一军分区政治部主任

陈正湘	第一军分区第一支队司令员
袁升平	第一军分区第一支队政治委员
杨尚坤	第一军分区第一支队参谋长
宋玉林	第一支队第1团团长
朱遵斌	第一支队第1团政治委员
马青山	第一支队第1团参谋长
朱 利	第一支队第1团政治处主任
邱 蔚	第一支队第3团团长
邓经纬	第一支队第3团政治委员
萧应棠	第一支队第3团副团长
方国华	第一支队第3团政治处主任
韩 庄	第一军分区第五支队司令员（代）
王道邦	第一军分区第五支队政治委员
王建中	第一军分区第五支队副政治委员
晨 光	第一军分区第五支队参谋长
李雪连	第一军分区第五支队政治部主任
宋学飞	第五支队第25团团长
马佩然	第五支队第25团副团长
张如三	第五支队第25团参谋长
詹道奎	第五支队第26团团长兼政治委员
赵竞生	第五支队第26团副团长
郭天民	第二军分区司令员
赵尔陆	第二军分区政治委员
赵冠英	第二军分区参谋长
汪之力	第二军分区政治部主任
熊德臣	第二军分区副参谋长
韩 伟	第二军分区第4团团长
萧文玖	第二军分区第4团政治委员
曾保堂	第二军分区第4团副团长
黄 文	第二军分区第4团副政治委员
周 宏	第二军分区第4团副参谋长
谢 明	第二军分区第4团政治处主任

李和辉　　　第二军分区第 19 团团长

林接标　　　第二军分区第 19 团政治委员

刘东记　　　第二军分区第 19 团副团长

曾　美　　　第二军分区第 19 团副政治委员

葛秀峰　　　第二军分区第 19 团参谋长

黄永胜　　　第三军分区司令员

王　平　　　第三军分区政治委员兼政治部主任

萧思明　　　第三军分区参谋长

邱先通　　　第三军分区政治部副主任

唐子安　　　第三军分区第 2 团团长

黄文明　　　第三军分区第 2 团政治委员

黄作珍　　　第三军分区第 2 团政治处主任

刘兴隆　　　第三军分区第 20 团团长

李光辉　　　第三军分区第 20 团政治委员

陈　焕　　　第三军分区第 20 团参谋长

贾其敏　　　第三军分区第 20 团政治处主任

熊伯涛　　　第四军分区司令员

刘道生　　　第四军分区政治委员

叶长庚　　　第四军分区参谋长

袁心纯　　　第四军分区政治部主任

陈祖林　　　第四军分区第 5 团团长

萧　锋　　　第四军分区第 5 团政治委员

王作藩　　　第四军分区第 5 团副团长

廖庆先　　　第四军分区第 5 团副政治委员兼政治处主任

王光文　　　第四军分区特务团团长

陈海涵　　　第四军分区特务团政治委员

侯正果　　　第四军分区特务团副团长

包　镇　　　第四军分区特务团参谋长

于川英　　　第四军分区特务团政治处主任

邓　华　　　第五军分区司令员兼政治委员

王紫峰　　　第五军分区政治部主任

季光顺　　　第五军分区第 6 团团长

马　龙　　第五军分区第 6 团政治委员

陈开禄　　第五军分区第 6 团参谋长

孔瑞之　　第五军分区第 6 团政治处主任

萧　克　　冀察热辽挺进军司令员

程世才　　冀察热辽挺进军参谋长

伍晋南　　冀察热辽挺进军政治部主任

陈仿仁　　冀察热辽挺进军平西军分区第 7 团团长

曹志学　　冀察热辽挺进军平西军分区第 7 团副团长

彭寿生　　冀察热辽挺进军平西军分区第 7 团参谋长

李水清　　冀察热辽挺进军平西军分区第 7 团政治处主任

黄光明　　冀察热辽挺进军平西军分区第 9 团团长

王季龙　　冀察热辽挺进军平西军分区第 9 团政治委员

赵文进　　冀察热辽挺进军平西军分区第 9 团副团长

唐家礼　　冀察热辽挺进军平西军分区第 9 团参谋长

张汉民　　冀察热辽挺进军平西军分区第 9 团政治处主任

段苏权　　冀察热辽挺进军平北军分区政治委员

白乙化　　冀察热辽挺进军平北军分区第 10 团团长

潘　峰　　冀察热辽挺进军平北军分区第 10 团政治委员

才　山　　冀察热辽挺进军平北军分区第 10 团参谋长

吴　涛　　冀察热辽挺进军平北军分区第 10 团政治处班主任

李运昌　　冀察热辽挺进军冀东军分区司令员

李楚离　　冀察热辽挺进军冀东军分区政治委员

包　森　　冀察热辽挺进军冀东军分区副司令员

曾克林　　冀察热辽挺进军冀东军分区参谋长

刘诚光　　冀察热辽挺进军冀东军分区政治部主任

陈　群　　冀察热辽挺进军冀东军分区第 12 团团长

欧阳波平　冀察热辽挺进军冀东军分区第 12 团参谋长

曾　辉　　冀察热辽挺进军冀东军分区第 12 团政治处主任

单德贵　　冀察热辽挺进军冀东军分区第 13 团副团长

伏立付　　冀察热辽挺进军冀东军分区第 13 团参谋长

洪　涛　　冀察热辽挺进军冀东军分区第 13 团政治处主任

吕正操　　冀中军区司令员

程子华　　冀中军区政治委员

孙　毅　　冀中军区参谋长

孙志远　　冀中军区政治部主任

李英武　　冀中军区副参谋长

王长江　　冀中军区第六军分区司令员

旷伏兆　　冀中军区第六军分区政治委员

张存实　　冀中军区第六军分区副司令员

周干民　　冀中军区第六军分区政治部主任

张文奎　　冀中军区第六军分区第1团团长

王先臣　　冀中军区第六军分区第1团政治委员

林海清　　冀中军区第六军分区第1团副团长

张干亭　　冀中军区第六军分区第1团参谋长

黄彬森　　冀中军区第六军分区第1团政治处主任

姚进芳　　冀中军区第六军分区第2团团长

谭　斌　　冀中军区第六军分区第2团政治委员

郭慕汾　　冀中军区第六军分区第2团参谋长

于　斌　　冀中军区第六军分区第2团政治处主任

于权伸　　冀中军区第七军分区司令员

吴　西　　冀中军区第七军分区政治委员

阎九祥　　冀中军区第七军分区副司令员兼参谋长

王智群　　冀中军区第七军分区政治部主任

甘春雷　　冀中军区第七军分区政治部副主任

闵鸿友　　冀中军区第七军分区第17团团长

姚国民　　冀中军区第七军分区第17团政治委员

马官友　　冀中军区第七军分区第17团副团长

饶民学　　冀中军区第七军分区第17团参谋长

孙洪志　　冀中军区第七军分区第17团政治处主任

欧阳霖　　冀中军区第七军分区第22团团长

梁达三　　冀中军区第七军分区第22团政治委员

刘　进　　冀中军区第七军分区第22团副团长

贾一民　　冀中军区第七军分区第22团政治处主任

常德善　　冀中军区第八军分区司令员

王远音	冀中军区第八军分区政治委员
刘子奇	冀中军区第八军分区参谋长
张逊之	冀中军区第八军分区政治部副主任
张培荣	冀中军区第八军分区第 23 团团长
魏洪亮	冀中军区第八军分区第 23 团政治委员
曹玉振	冀中军区第八军分区第 23 团副团长
高法保	冀中军区第八军分区第 23 团参谋长
孟庆武	冀中军区第八军分区第 23 团政治处主任
黎 光	冀中军区第八军分区第 30 团团长
汪 威	冀中军区第八军分区第 30 团政治委员
于占明	冀中军区第八军分区第 30 团副团长
张 兴	冀中军区第八军分区第 30 团政治处主任
孟庆山	冀中军区第九军分区司令员
帅 荣	冀中军区第九军分区政治委员
孙 然	冀中军区第九军分区参谋长
李天焕	冀中军区第九军分区政治部主任
焦玉礼	冀中军区第九军分区第 18 团团长
钟华农	冀中军区第九军分区第 18 团政治委员
杨 立	冀中军区第九军分区第 18 团政治处主任
何元富	冀中军区第九军分区第 24 团团长
黄明政	冀中军区第九军分区第 24 团政治委员
魏文建	冀中军区第九军分区第 24 团副团长
刘子仪	冀中军区第九军分区第 24 团参谋长
李文光	冀中军区第九军分区第 24 团政治处主任
万振西	冀中军区第九军分区第 33 团团长
钟 洲	冀中军区第九军分区第 33 团政治委员
钟 英	冀中军区第九军分区第 33 团参谋长
汪新锋	冀中军区第九军分区第 33 团政治处主任
朱占魁	冀中军区第十军分区司令员
周 彪	冀中军区第十军分区政治委员
萧新槐	冀中军区第十军分区参谋长
钱应麟	冀中军区第十军分区政治部主任

杨秀昆　　　冀中军区第十军分区第27团团长
杨子华　　　冀中军区第十军分区第27团政治委员
韩双亭　　　冀中军区第十军分区第27团参谋长
李景朴　　　冀中军区第十军分区第27团政治处主任
陈德仁　　　冀中军区第十军分区第29团团长
梁金龙　　　冀中军区第十军分区第29团政治委员
孙家彬　　　冀中军区第十军分区第29团参谋长
蒋崇璟　　　冀中军区第十军分区第29团政治处主任
刘秉彦　　　冀中军区第十军分区第32团团长
陈明枫　　　冀中军区第十军分区第32团政治委员
李德海　　　冀中军区第十军分区第32团参谋长
李绍清　　　冀中军区第十军分区第32团政治处主任
赵承金　　　冀中军区南下支队司令员
谭冠三　　　冀中军区南下支队政治委员
刘玉璋　　　冀中军区南下支队参谋长
张毅忱　　　冀中军区南下支队政治部主任
盛治华　　　冀中军区南下支队第16团团长
邓东哲　　　冀中军区南下支队第16团政治委员
赵均一　　　冀中军区南下支队第16团政治处主任
邢芳银　　　冀中军区南下支队第21团团长
曾凡有　　　冀中军区南下支队第21团政治委员
胡乃超　　　冀中军区南下支队第21团副团长
刘吉林　　　冀中军区南下支队第21团参谋长
殷锡林　　　冀中军区南下支队第21团政治处主任
马本斋　　　冀中军区回民支队司令员
郭六顺　　　冀中军区回民支队政治委员
丁铁石　　　冀中军区回民支队政治处主任
马占魁　　　冀中军区骑兵第2团团长
范昌标　　　冀中军区骑兵第2团政治委员
章　申　　　冀中军区教导团团长
辛元俊　　　冀中军区教导团政治委员
张仲翰　　　津南自卫军司令员

贺庆积　　津南自卫军副司令员

郭元猷　　津南自卫军参谋长

张云善　　津南自卫军政治处主任

郑维山　　晋察冀军区教导团政治委员

萧时任　　晋察冀军区教导团政治处主任

刘云彪　　晋察冀军区骑兵团团长

蔡顺礼　　晋察冀军区骑兵团政治委员兼政治处主任

童锡向　　晋察冀军区骑兵团参谋长

第 129 师

刘伯承　　师长兼太行军区司令员

邓小平　　政治委员兼太行军区政治委员

李　达　　参谋长兼太行军区参谋长

蔡树藩　　政治部主任兼太行军区政治部主任

黄　镇　　政治部副主任兼太行军区政治部副主任

陈锡联　　第 385 旅旅长

谢富治　　第 385 旅政治委员

卢仁灿　　第 385 旅政治委员兼政治部主任（后）

赵辉楼　　第 385 旅副旅长

曾绍山　　第 385 旅参谋长

赵月舫　　第 385 旅政治部副主任

陶国清　　第 385 旅第 13 团团长（后）

萧德明　　第 385 旅第 13 团政治委员

萧永银　　第 385 旅第 13 团副团长

李子钧　　第 385 旅第 13 团参谋长

曾庆梅　　第 385 旅第 13 团政治处主任

孔庆德　　第 385 旅第 14 团团长

赵兰田　　第 385 旅第 14 团政治委员（代）兼政治处主任

刘鹤亭　　第 385 旅第 14 团副团长

韩卫民　　第 385 旅第 14 团参谋长

郑国仲　　第 385 旅第 769 团团长

鲍先志　　第 385 旅第 769 团政治委员

马忠全　　　第 385 旅第 769 团副团长

熊亚杰　　　第 385 旅第 769 团政治处主任

漆远渥　　　第 385 旅第 769 团政治处主任（后）

尹先炳　　　新编第 11 旅旅长

黄振堂　　　新编第 11 旅政治委员

郭　峰　　　新编第 11 旅政治部主任

杨克冰　　　新编第 11 旅政治部副主任

曾纪云　　　新编第 11 旅第 31 团团长

梁　君　　　新编第 11 旅第 31 团政治委员

刘　哲　　　新编第 11 旅第 31 团政治委员（后）

刘良贤　　　新编第 11 旅第 31 团副团长

白　珂　　　新编第 11 旅第 31 团参谋长

刘文勇　　　新编第 11 旅第 31 团政治处主任

宗书阁　　　新编第 11 旅第 32 团团长

李　振　　　新编第 11 旅第 32 团政治委员

周明国　　　新编第 11 旅第 32 团副团长

王兴照　　　新编第 11 旅第 32 团参谋长

李艺林　　　新编第 11 旅第 32 团政治处主任

胡　震　　　新编第 11 旅第 33 团团长

王树声　　　太行军区副司令员

秦基伟　　　太行军区第一军分区司令员

高　扬　　　太行军区第一军分区政治委员

张国传　　　太行军区第二军分区司令员

赖若愚　　　太行军区第二军分区政治委员

郭国言　　　太行军区第三军分区司令员

王一伦　　　太行军区第三军分区政治委员

石志本　　　太行军区第四军分区司令员

王孝慈　　　太行军区第四军分区政治委员

皮定钧　　　太行军区第五军分区司令员

鲁瑞林　　　太行军区第五军分区政治委员

陈　庚　　　第 386 旅旅长兼太岳军区司令员

王新亭　　　第 386 旅政治委员兼太岳军区政治委员

周希汉　　第 386 旅参谋长兼太岳军区参谋长

苏精诚　　第 386 旅政治部主任兼太行军区政治部主任

谢家庆　　第 386 旅第 16 团团长

雷　震　　第 386 旅第 16 团团长（后）

程悦长　　第 386 旅第 16 团政治委员

黄仕友　　第 386 旅第 16 团副团长

李　明　　第 386 旅第 16 团参谋长

常祥考　　第 386 旅第 16 团政治处主任

陈振宏（正宏）　第 386 旅第 17 团团长

刘达瑄　　第 386 旅第 17 团政治委员

陈　康　　第 386 旅第 17 团副团长

吴隆煮（龙主）　第 386 旅第 17 团副团长

田永智　　第 386 旅第 17 团参谋长

黄祖华　　第 386 旅第 17 团政治处主任

关兴学　　第 386 旅第 18 团团长

闵学胜　　第 386 旅第 18 团团长（后）

牛兆林　　第 386 旅第 18 团政治处主任

查玉升　　第 386 旅第 772 团副团长

王得胜　　第 386 旅第 772 团副团长（后）

武承先　　第 386 旅第 772 团参谋长

胡裕文　　第 386 旅第 772 团政治处主任

张春森　　太岳军区第一军分区司令员

刘绍棠　　太岳军区第一军分区司令员（后）

金世柏　　太岳军区第一军分区政治委员

张汉丞　　太岳军区第二军分区司令员

史　健　　太岳军区第二军分区政治委员

王清川　　太岳军区第三军分区司令员

孙雨亭　　太岳军区第三军分区政治委员

陈再道　　冀南军区司令员

宋任穷　　冀南军区政治委员

王宏坤　　冀南军区副司令员

范朝利　　冀南军区参谋长

刘志坚　　冀南军区政治部主任

杨宏明　　冀南军区第一军分区司令员

丁先国　　冀南军区第一军分区司令员（后）

刘大坤　　冀南军区第一军分区政治委员

吴诚忠　　冀南军区第二军分区司令员

王贵德　　冀南军区第二军分区政治委员

魏开荒　　冀南军区第二军分区副司令员

高厚良　　冀南军区第三军分区司令员

李定灼　　冀南军区第三军分区政治委员

张西三　　冀南军区第三军分区参谋长

甘思和　　冀南军区第三军分区政治处主任

孙毅民　　冀南军区第四军分区政治委员

赵义京　　冀南军区第五军分区司令员

杨树根　　冀南军区第五军分区政治委员

易良品　　新编第 7 旅旅长

文建武　　新编第 7 旅政治委员

钟汉华　　新编第 7 旅政治委员（后）

邹国厚　　新编第 7 旅副旅长

雷绍康　　新编第 7 旅参谋长

周发田　　新编第 7 旅第 19 团政治委员

刘明鉴　　新编第 7 旅第 19 团参谋长

王心高　　新编第 7 旅第 19 团政治处主任

季铁中　　新编第 7 旅第 19 团政治处主任（后）

徐绍恩　　新编第 7 旅第 20 团团长

刘志朝　　新编第 7 旅第 20 团政治委员

余品轩　　新编第 7 旅第 20 团副团长

何济林　　新编第 7 旅第 20 团参谋长

李汉英　　新编第 7 旅第 20 团政治处主任

黄光霞　　新编第 7 旅第 21 团团长

刘　苏　　新编第 7 旅第 21 团团长

刘诗松　　新编第 7 旅第 21 团政治委员

张贤廷　　新编第 7 旅第 21 团副团长

姚凤林　　新编第 7 旅第 21 团参谋长
姚克佑　　新编第 7 旅第 21 团政治处主任
张维翰　　新编第 8 旅旅长
萧永智　　新编第 8 旅政治委员
王近山　　新编第 8 旅副旅长
周光策　　新编第 8 旅参谋长
王幼平　　新编第 8 旅政治部主任
田厚义　　新编第 8 旅第 22 团团长
于笑虹　　新编第 8 旅第 22 团政治委员
徐国富　　新编第 8 旅第 22 团副团长
王润怀　　新编第 8 旅第 22 团参谋长
刘理连　　新编第 8 旅第 22 团政治处主任
郝国藩　　新编第 8 旅第 23 团团长
李大清　　新编第 8 旅第 23 团政治委员
罗崇福　　新编第 8 旅第 23 团副团长
黄依仁　　新编第 8 旅第 23 团参谋长
刘　昌　　新编第 8 旅第 23 团政治处主任
徐宝山　　新编第 8 旅第 24 团团长（后）
蒋洪钧　　新编第 8 旅第 24 团政治委员
万德坤　　新编第 8 旅第 24 团副团长
赵仁山　　新编第 8 旅第 24 团参谋长
张　谭　　新编第 8 旅第 24 团政治处主任
桂干生　　新编第 9 旅旅长
王贵德　　新编第 9 旅政治部主任
李　林　　新编第 9 旅第 25 团团长
梅华樊　　新编第 9 旅第 25 团团长（代）
陈伯禄　　新编第 9 旅第 25 团政治委员
吕　漾　　新编第 9 旅第 25 团参谋长
贺亦然　　新编第 9 旅第 25 团政治处主任
赵鹤亭　　新编第 9 旅第 26 团团长
王家善　　新编第 9 旅第 26 团政治委员
赵海枫　　新编第 9 旅第 26 团副团长

王明坤	新编第 9 旅第 26 团参谋长
李大磊	新编第 9 旅第 26 团政治处主任
陈耀元	新编第 9 旅第 27 团团长
杨树根	新编第 9 旅第 27 团政治委员
荣子文	新编第 9 旅第 27 团副团长
张俊峰	新编第 9 旅第 27 团参谋长
王毕银	新编第 9 旅第 27 团政治处主任
黄家景	第 129 师骑兵团团长
况玉纯	第 129 师骑兵团政治委员
曾王良	第 129 师骑兵团副团长
韦　杰	新编第 1 旅旅长
唐天际	新编第 1 旅政治委员
黄新友	新编第 1 旅副旅长
何柱成	新编第 1 旅政治部主任
冯精华	新编第 1 旅副参谋长
杨伯笙	新编第 1 旅政治部副主任
陈　力	新编第 1 旅第 1 团政治委员
周凯东	新编第 1 旅第 1 团参谋长
邵文斗	新编第 1 旅第 1 团政治处主任
方升普	新编第 1 旅第 2 团团长
吴思行	新编第 1 旅第 2 团团长（后）
敖纪民	新编第 1 旅第 2 团政治委员
周固礼	新编第 1 旅第 2 团政治处主任
徐深吉	新编第 4 旅旅长
吴富善	新编第 4 旅政治委员
杜义德	新编第 4 旅副旅长
李茂思	新编第 4 旅参谋长
陈明义	新编第 4 旅参谋长（后）
袁鸿化	新编第 4 旅政治部主任
陈元龙	新编第 4 旅政治部副主任
彭学桂	新编第 4 旅政治部副主任
陈子斌	新编第 4 旅第 10 团团长

吴宗先	新编第 4 旅第 10 团政治委员
周其春	新编第 4 旅第 10 团副团长
邓　岳	新编第 4 旅第 10 团参谋长
沈钦尧	新编第 4 旅第 10 团政治处主任
李继孔	新编第 4 旅第 11 团团长
桂承志	新编第 4 旅第 11 团政治委员
程其准	新编第 4 旅第 11 团副团长
陈明春	新编第 4 旅第 11 团参谋长
赖达元	新编第 4 旅第 11 团政治处主任
徐绍华	新编第 4 旅第 771 团团长
张百春	新编第 4 旅第 771 团政治委员
贾建国	新编第 4 旅第 771 团副团长
周力夫	新编第 4 旅第 771 团参谋长
吕　琳	新编第 4 旅第 771 团政治处主任
范子侠	新编第 10 旅旅长
赖际发	新编第 10 旅政治委员
汪乃贵	新编第 10 旅副旅长
黄欧东	新编第 10 旅政治部主任
窦立新	新编第 10 旅政治部副主任
齐开宏	新编第 10 旅第 28 团团长
王耀南	新编第 10 旅第 28 团团长（后）
刘应启	新编第 10 旅第 28 团政治委员
黄长轩	新编第 10 旅第 28 团副团长
姜殿富	新编第 10 旅第 28 团参谋长
宋志兴	新编第 10 旅第 28 团政治处主任
宗凤洲	新编第 10 旅第 29 团团长
周明国	新编第 10 旅第 29 团团长（后）
舒烈光	新编第 10 旅第 29 团政治委员
王大任	新编第 10 旅第 29 团政治委员（后）
吴子彦	新编第 10 旅第 29 团副团长
杨信义	新编第 10 旅第 29 团副团长（后）
陈福章	新编第 10 旅第 29 团参谋长

蒋克诚　　新编第 10 旅第 29 团参谋长（后）

吴飘萍　　新编第 10 旅第 29 团政治处主任

胡　震　　新编第 10 旅第 30 团团长

张国传　　新编第 10 旅第 30 团政治委员

姚大非　　新编第 10 旅第 30 团政治委员（后）

葛海洲　　新编第 10 旅第 30 团副团长

姜大化　　新编第 10 旅第 30 团政治处主任

孙定国　　第 212 旅旅长

马　英　　第 212 旅政治委员

涂则生　　第 212 旅参谋长

朱佩瑄　　第 212 旅政治部主任

彭之久　　第 212 旅第 54 团团长

白相文　　第 212 旅第 54 团政治处主任

王　荣　　第 212 旅第 55 团团长

张光日　　第 212 旅第 55 团副团长

邹泽民　　第 212 旅第 55 团政治处主任

薛克忠　　第 212 旅第 56 团团长

萧　平　　第 212 旅第 56 团政治处主任

薄一波　　决死队第一纵队司令员兼政治委员

牛佩琮　　决死队第一纵队副司令员

李聚奎　　决死队第一纵队副司令员

李成芳　　决死队第一纵队参谋长（后）

周仲英　　决死队第一纵队政治部主任（后）

王鹤峰　　决死队第一纵队政治部主任（后）

苏　鲁　　决死队第一纵队第 25 团团长

李懋之　　决死队第一纵队第 25 团参谋长

王观潮　　决死队第一纵队第 25 团政治处主任

蔡爱卿　　决死队第一纵队第 38 团团长

刘友光　　决死队第一纵队第 38 团政治委员

余秉钧　　决死队第一纵队第 38 团参谋长

刘　丰　　决死队第一纵队第 42 团团长

杨一均　　决死队第一纵队第 42 团团长（后）

南静之　　决死队第一纵队第 42 团政治委员
高子和　　决死队第一纵队第 42 团参谋长
黎锡福　　决死队第一纵队第 57 团团长
周义忠　　决死队第一纵队第 57 团政治委员
张　宦　　决死队第一纵队第 57 团参谋长
郭寿征　　决死队第一纵队第 57 团政治处主任
胡兆祺　　决死队第一纵队第 59 团团长
高德西　　决死队第一纵队第 59 团政治委员
吕尧卿　　决死队第一纵队第 59 团参谋长
霍程秀　　决死队第一纵队第 59 团政治处主任
戎子和　　决死队第三纵队司令员
董天知　　决死队第三纵队政治委员
付雨田　　决死队第三纵队政治委员（后）
李寿轩　　决死队第三纵队副司令员
刘昌义　　决死队第三纵队参谋长
高体乾　　决死队第三纵队参谋长（后）
车敏瞧　　决死队第三纵队政治部主任
余伦胜　　决死队第三纵队第 7 团团长
高治国　　决死队第三纵队第 7 团政治委员
黄殿基　　决死队第三纵队第 7 团副团长
谭友夫　　决死队第三纵队第 8 团团长
吴凤高　　决死队第三纵队第 8 团副团长
陈瑞符　　决死队第三纵队第 8 团参谋长
刘胜斌　　决死队第三纵队第 9 团团长（后）
郝培苗　　决死队第三纵队第 9 团政治委员
王毓淮　　决死队第三纵队第 9 团参谋长
熊心乐　　决死队第三纵队第 34 团参谋长
郭万福　　决死队第三纵队第 34 团政治处主任

第 120 师暨晋西北军区

贺　龙　　师长
关向应　　政治委员兼政治部主任

周士第	参谋长
甘泗淇	政治部副主任
杨嘉瑞	第120师特务团团长
范忠祥	第120师特务团政治委员
彭家诗	第120师特务团副团长
欧阳藩	第120师特务团参谋长
朱民亲	第120师特务团政治处主任
张宗逊	第358旅旅长
李井泉	第358旅政治委员
李夫克	第358旅参谋长
金如柏	第358旅政治部主任
萧新春	第358旅政治部副主任
徐立树	第358旅第7团团长
张秀龙	第358旅第7团团长（代）
杨秀山	第358旅第7团政治委员
唐金龙	第358旅第7团副团长
吴子杰	第358旅第7团参谋长
梁仁芥	第358旅第7团政治处主任
刘　彬	第358旅第8团团长
余秋里	第358旅第8团政治委员
左清臣	第358旅第8团副团长
张元和	第358旅第8团政治处主任
黄新廷	第358旅第716团团长
廖汉生	第358旅第716团政治委员
王绍南	第358旅第716团参谋长
颜金生	第358旅第716团政治处主任
王　震	第359旅旅长兼政治委员
郭　鹏	第359旅副旅长
唐子奇	第359旅参谋长
袁任远	第359旅政治部主任
王恩茂	第359旅政治部副主任
刘转连	第359旅第717团团长

晏福生　　　第 359 旅第 717 团政治委员

陈外欧　　　第 359 旅第 717 团副团长

廖　明　　　第 359 旅第 717 团副政治委员兼政治处主任

李迎喜　　　第 359 旅第 717 团参谋长

高士一　　　独立第 1 旅旅长

朱辉照　　　独立第 1 旅政治委员

白　坚　　　独立第 1 旅政治委员兼第四军分区政治委员

冼恒汉　　　独立第 1 旅政治委员兼第四军分区政治委员（代）

王尚荣　　　独立第 1 旅副旅长兼第四军分区司令员

谷志标　　　独立第 1 旅参谋长兼第四军分区参谋长

黄荣忠　　　独立第 1 旅参谋长兼第四军分区副参谋长

杨琪良　　　独立第 1 旅政治部主任兼第四军分区政治部主任

戴文彬　　　独立第 1 旅政治部副主任兼第四军分区政治部副主任

傅传作　　　独立第 1 旅第 2 团团长

幸世修　　　独立第 1 旅第 2 团政治委员

彭济民　　　独立第 1 旅第 2 团参谋长

罗洪标　　　独立第 1 旅第 2 团政治处主任

顿星云　　　独立第 1 旅第 715 团团长

汤成功　　　独立第 1 旅第 715 团政治委员

鲁赤诚　　　独立第 1 旅第 715 团参谋长

吴融峰　　　独立第 1 旅第 715 团政治处主任

雷任民　　　决死队第四纵队纵队长

李力果　　　决死队第四纵队政治委员

孙超群　　　决死队第四纵队副纵队长

冯基平　　　决死队第四纵队第 19 团团长

孙桂亭　　　决死队第四纵队第 19 团副团长

杨叶澎　　　决死队第四纵队第 19 团政治处主任

王梦祥　　　决死队第四纵队第 20 团团长

刘仰峤　　　决死队第四纵队第 20 团政治处主任

李宝森　　　决死队第四纵队第 35 团团长

刘振堂　　　决死队第四纵队第 35 团政治委员

李克林　　　决死队第四纵队第 35 团副团长

彭绍辉　　独立第 2 旅旅长兼第二军分区司令员

张平化　　独立第 2 旅政治委员兼第二军分区政治委员

李文清　　独立第 2 旅参谋长（代）

刘惠农　　独立第 2 旅政治部主任

曾　征　　独立第 2 旅第 5 团团长

罗　斌　　独立第 2 旅第 5 团政治委员

张全忠　　独立第 2 旅第 5 团参谋长

寻光仰　　独立第 2 旅第 5 团政治处主任

王少先　　独立第 2 旅第 9 团团长

李发应　　独立第 2 旅第 9 团团长（代）

王定一　　独立第 2 旅第 9 团政治委员

秦实庵　　独立第 2 旅第 9 团参谋长

黄立清　　独立第 2 旅第 9 团政治处主任

张绍武　　独立第 2 旅第 714 团团长

张世良　　独立第 2 旅第 714 团政治委员

樊哲祥　　独立第 2 旅第 714 团参谋长

潘振华　　独立第 2 旅第 714 团政治处主任

续范亭　　山西新军总指挥兼暂编第 1 师师长

罗贵波　　山西新军政治委员

赤饶执　　山西新军暂编第 1 师政治委员

张希钦　　山西新军暂编第 1 师参谋长

饶　兴　　山西新军暂编第 1 师政治部主任

高永祥　　山西新军暂编第 1 师第 36 团团长

严尚林　　山西新军暂编第 1 师第 36 团政治委员兼政治处主任

杨文安　　山西新军暂编第 1 师第 36 团副团长

张　德　　山西新军暂编第 1 师第 37 团团长

王燕士　　山西新军暂编第 1 师第 37 团政治委员兼政治处主任

王文礼　　山西新军暂编第 1 师第 37 团参谋长

韩　钧　　决死队第二纵队纵队长

张文昂　　决死队第二纵队政治委员

王逢源　　决死队第二纵队政治委员

刘德明　　决死队第二纵队副纵队长

廖井丹　　决死队第二纵队政治部主任

王何全　　决死队第二纵队第 4 团团长

武振刚　　决死队第二纵队第 4 团政治委员

刘绍先　　决死队第二纵队第 5 团团长

李文炯　　决死队第二纵队第 5 团政治委员

杨开基　　决死队第二纵队第 6 团团长

李曙森　　决死队第二纵队第 6 团政治委员

侯俊岩　　山西新军工卫旅旅长兼政治委员

张新华　　山西新军工卫旅参谋长

李　明　　山西新军工卫旅政治部主任

彭治章　　山西新军工卫旅副参谋长

周子祯　　山西新军工卫旅第 21 团团长

彭　凯　　山西新军工卫旅第 21 团副团长

麻志浩　　山西新军工卫旅第 21 团政治处主任

彭家诗　　山西新军工卫旅第 22 团团长

彭　敏　　山西新军工卫旅第 22 团团长（后）

王庆新　　山西新军工卫旅第 22 团政治处主任

附三

百团大战期间日军华北方面军军事部署情况

1940 年 8 月百团大战时，日军华北方面军的兵力共有九个师团、十二个独立混成旅团、一个骑兵集团和通信、铁道、气象、宪兵等部队，约为 25 万人，统归设在北平的华北方面军司令部指挥。

华北方面军司令部。司令官：多田骏中将；参谋长：笠原幸雄中将；副参谋长：平田正判少将。司令部驻北平。

下辖：第 27、35、110 师团、独立混成第 1、7、8、15 旅团、第 1 飞行团；第一军（第 36、37、41 师团、独立混成第 3、4、9、16 旅团）；驻蒙军（第 26 师团、独立混成第 2 旅团、骑兵集团）；第十二军（第 21、32 师团、独立混成第 5、6、10 旅团）；电信第 5 联队、华北气象部、第 2 野战铁道部、中国驻屯宪兵队。

第 27 师团。师团长：本间雅晴中将。该部驻天津。下辖：
第 27 步兵团第 1 联队、2 联队、3 联队；
第 27 师团搜索队；
山炮兵第 27 联队；
工兵第 27 联队；
辎重兵第 27 联队；
通信队；
卫生队；
兵器勤务队；
第一、二、三、四野战医院；
病马厂。

第 35 师团。师团长：原团熊吉中将。该部驻开封地区。下辖：
第 35 步兵团第 119 联队、第 220 联队、第 221 联队；
搜索第 35 联队；
野炮兵第 35 联队；
工兵第 35 联队；
辎重兵第 35 联队；

通信队；

兵器勤务队；

卫生队；

第一、二野战医院；

病马厂。

第 110 师团。师团长：饭沼守中将。该部驻保定地区，防守永年以北经邢台、临城、元氏、石家庄、定县、保定、徐水、新城的平汉路及两侧地区。师团下辖：

步兵第 108 旅团。旅团长：石井嘉穗少将。该部驻邢台地区。下辖：

步兵第 139 联队，位于山东惠民地区；

步兵第 140 联队，位于邢台南宫，守备冀县、新河、宁晋、南宫、巨鹿，威县、广宗、平乡地区；

步兵第 133 旅团。旅团长：津田美武少将。该部驻保定。下辖：

步兵第 110 联队，位于易县；

步兵第 163 联队，位于定县；

骑兵第 110 联队；

野炮兵第 110 联队；

工兵第 110 联队；

通信队；

卫生队；

第一、二、三、四野战医院。

独立混成第 1 旅团。旅团长：铃木贞次少将。该部驻邯郸地区，负责防守从河南汤阴至河北永年的平汉铁路及其两侧地区。各大队防守地：

独立步兵第 72 大队，位于磁县；

独立步兵第 73 大队，位于高邑；

独立步兵第 74 大队，位于安阳；

独立步兵第 75 大队，位于邢台；

独立步兵第 76 大队，位于涉县。

独立炮兵队；

独立工兵队。

独立混成第 7 旅团。旅团长：林芳太郎少将。该部驻惠民地区。下辖：

独立步兵第 26 大队；

独立步兵第 27 大队；

独立步兵第 28 大队；

独立步兵第 29 大队；

独立步兵第 30 大队；

独立炮兵队；

独立工兵队。

独立混成第 8 旅团。旅团长：水原义重少将。该部驻石家庄地区，防守地段为：由正定经石家庄向西至南峪（省界附近）。旅团下辖：

独立步兵第 31 大队，位于正定；

独立步兵第 32 大队，位于晋县（石家庄以东）；

独立步兵第 33 大队，位于赵县；

独立步兵第 34 大队，位于井陉；

独立步兵第 35 大队，位于深县（晋县以东）；

独立炮兵队；

独立工兵队。

石家庄周围之郊区，由第 110 师团的直属部队防守。

独立混成第 15 旅团。旅团长：长谷川美代次少将。该部驻北平。下辖：

独立步兵第 77 大队，位于北平城西北地区；

独立步兵第 78 大队，位于北平城以南地区；

独立步兵第 79 大队，位于北平西南及以西地区，直至房山、涿县；

独立步兵第 80 大队，位于北平东北地区；

独立步兵第 81 大队，位于北平以东及东北地区；

独立炮兵队；

独立工兵队。

第 1 飞行团（第 60 战队：重型轰炸机 36 架；南苑第 15 战队：侦察机 9 架；团直属侦察机 18 架，战斗机 12 架，轻型轰炸机 18 架）

第一军。司令官：筱冢义男中将；参谋长：田中隆吉少将。司令部设太原，下辖：第 36、37、41 师团、独立混成第 3、4、9、16 旅团。其中：

第 36 师团。师团长：井关仞中将；参谋长：今村新太郎大佐。该部驻山西潞安地区。下辖：

第 36 步兵团第 121 联队、第 223 联队、第 224 联队；

骑兵第 36 联队；

山炮兵第 36 联队；

工兵第 36 联队；

辎重兵第 36 联队；

通信队；

卫生队；

兵器勤务队；

第一、二野战医院；

病马厂。

第 37 师团。师团长：安达二十三中将；参谋长：滨田弘大佐。该部驻运城地区。下辖：

第 37 步兵团第 225 联队、第 226 联队、第 227 联队；

骑兵第 37 联队；

山炮兵第 37 联队；

工兵第 37 联队；

辎重兵第 37 联队；

通信队；

卫生队；

兵器勤务队；

第一、二野战医院。

第 41 师团。师团长：田边盛武中将；参谋长：田岛彦太郎大佐。该部驻临汾地区。下辖：

第 41 步兵团第 237 联队、第 238 联队、第 239 联队；

骑兵第 41 联队；

山炮兵第 41 联队；

工兵第 41 联队；

辎重兵第 41 联队；

通信队；

兵器勤务队；

卫生队；

第一、二野战医院；

病马厂。

独立混成第 3 旅团。旅团长：柳下重治少将。该部驻崞县地区，负责守备原平县以北的内长城、以南的铁路两侧及以东地区。下辖：

独立步兵第 6 大队，位于繁峙；

独立步兵第 7 大队，位于五寨；

独立步兵第 8 大队，位于代县；

独立步兵第 9 大队，位于原平；

独立步兵第 10 大队，位于宁武；

炮兵队；

工兵队。

独立混成第 4 旅团。旅团长：片山省太郎中将。该部驻阳泉地区，其防守地段由平定县的娘子关向西至太原以南的榆次、太谷的铁路两侧地区。下辖：

独立步兵第 11 大队，位于昔阳；

独立步兵第 12 大队，位于榆次；

独立步兵第 13 大队，位于辽县；

独立步兵第 14 大队，位于寿阳；

独立步兵第 15 大队，位于阳泉；

炮兵队；

通信队；

工兵队。

独立混成第 9 旅团。旅团长：池上吉贤少将。该部驻太原地区，其防守地段由太原以南及以北至忻口镇的铁路两侧地区。下辖：

独立步兵第 36 大队，位于清徐；

独立步兵第 37 大队，位于岚县；

独立步兵第 38 大队，位于交城；

独立步兵第 39 大队，位于忻县；

独立步兵第 40 大队，位于太原；

炮兵队；

工兵队。

独立混成第 16 旅团。旅团长：若松平治少将。该部负责汾阳地区的守备，防守地段由平遥地区的铁路两侧向西经汾阳、吴城、离石、柳林镇至黄河东岸的军渡。下辖：

独立步兵第 82 大队，位于离石；

独立步兵第 83 大队，位于文水；

独立步兵第 84 大队，位于平遥；

独立步兵第 85 大队，位于汾阳；

独立步兵第 86 大队，位于柳林镇；

炮兵队；

工兵队；

通信队。

驻蒙军。 司令官：冈部直三郎中将；参谋长：高桥茂寿庆少将。司令部设在张家口。下辖第 26 师团、独立混成第 2 旅团、骑兵集团。其中：

第 26 师团。 师团长：黑田重德中将。该部驻大同地区。下辖：

第 26 步兵团第 11 联队、第 12 联队、第 13 联队；

第 26 师团搜索队；

独立野炮兵第 12 联队；

独立山炮兵第 12 联队；

独立工兵第 26 联队；

独立辎重兵第 26 联队；

通信队；

卫生队；

兵器勤务队；

第一、二、三、四野战医院；

病马厂。

独立混成第 2 旅团。 旅团长：人见与一中将。该部驻张家口地区。下辖：

独立步兵第 1 大队；

独立步兵第 2 大队；

独立步兵第 3 大队；

独立步兵第 4 大队；

独立步兵第 5 大队；

独立炮兵队；

独立工兵队。

骑兵集团。集团长：马场正郎中将。司令部设在包头。下辖：

骑兵第1旅团。旅团长：片桐茂少将。

骑兵第13联队；

骑兵第14联队；

骑炮第1联队；

辎重队。

骑兵第4旅团。旅团长：藤田茂一少将。

第25联队；

第26联队；

骑炮第4联队；

辎重队。

第12军。司令官：饭田贞固中将；参谋长：本乡义夫少将。司令部设在济南。下辖：第21、32师团、独立混成第5、6、10旅团。其中：

第21师团。师团长：田中久一中将。该部驻徐州地区。下辖：

第21步兵团步兵第62联队；

第21步兵团步兵第82联队；

第21步兵团步兵第83联队；

师团搜索队；

山炮兵第51联队；

工兵第21联队；

辎重兵第21联队；

通信队；

卫生队；

第一、二野战医院。

第32师团。师团长：井出铁藏中将。该部驻山东兖州地区。下辖：

第32步兵团步兵第210联队；

第32步兵团步兵第211联队；

第32步兵团步兵第212联队；

搜索第32联队；

野炮兵第32联队；

工兵第 32 联队；

辎重兵第 32 联队；

通信队；

兵器勤务队；

第一、二野战医院；

病马厂。

独立混成第 5 旅团。旅团长：庆秋山义充少将。该部驻青岛地区。下辖：

独立步兵第 16 大队；

独立步兵第 17 大队；

独立步兵第 18 大队；

独立步兵第 19 大队；

独立步兵第 20 大队；

独立炮兵队；

独立工兵队。

独立混成第 6 旅团。旅团长：土屋兵马少将。该部驻山东莒县地区。下辖：

独立步兵第 21 大队；

独立步兵第 22 大队；

独立步兵第 23 大队；

独立步兵第 24 大队；

独立步兵第 25 大队；

独立炮兵队；

独立工兵队。

独立混成第 10 旅团。旅团长：水野信少将。该部驻泰安地区。下辖：

独立步兵第 41 大队；

独立步兵第 42 大队；

独立步兵第 43 大队；

独立步兵第 44 大队；

独立步兵第 45 大队；

独立炮兵队；

独立工兵队。